JN173037

図解でわかる

中小企業庁「事業承継ガイドライン」完全解説

公認会計士・税理士
岸田 康雄

中小企業診断士・行政書士
村上 章

ロギカ書房

はじめに

中小企業経営者の高齢化が進み、今後5年から10年程度で、多くの中小企業が事業承継のタイミングを迎えようとしています。中小企業に蓄積されたノウハウや技術といった価値を次世代に受け継ぎ、世代交代によるさらなる活性化を実現していくために、円滑な事業承継は極めて重要な課題です。

そこで中小企業庁は、中小企業経営者の高齢化の進展等を踏まえ、円滑な事業承継の促進を通じた中小企業の事業活性化を図るため、事業承継に向けた早期・計画的な準備の重要性や課題への対応策、事業承継支援体制の強化の方向性等について取りまとめた「事業承継ガイドライン」を策定しました。本書の著者である岸田康雄は、平成28年12月に公表された改訂版に係る「事業承継ガイドライン改訂小委員会」のメンバーの1人です。

本書は、一般の中小企業経営者の方々にとってみれば少々読みづらい「事業承継ガイドライン」をわかりやすく解説したものです。ポイント（要点）を箇条書きにして読みやすくするとともに、イラストを加えて内容をイメージしやすくしています。また、筆者個人の見解を含む解説文を併記して、難しい文章の行間を補足し、読者の理解を促すような工夫をしています。

本書を企画していただき、その出版を経済産業省中小企業庁財務課へ提案され、校正から刊行まで担当していただいた株式会社ロギカ書房の橋詰氏には心より感謝を申し上げます。

平成29年2月

公認会計士・税理士　岸田　康雄

目次

第3章 事業承継の類型ごとの課題と対応策

第 4 章
事業承継の円滑化に資する手法

第 5 章
個人事業主の事業承継

第6章
中小企業の事業承継をサポートする仕組み

第7章
事業承継診断票と事業承継計画書

第１章

事業承継の重要性

① 中小企業の事業承継を取り巻く現状

1 ｜中小企業の重要性

Point !

- ◆我が国企業数の 99%が中小企業です。
- ◆中小企業は、雇用の受け皿として重要な役割を担っています。
- ◆中小企業による新市場開拓が、我が国経済の活性化の一翼を担っています。
- ◆小規模事業者は、地域における商品・サービスの提供主体として不可欠な役割を担っています。

中小企業は、我が国において極めて重要な役割を担っています。行政が、中小企業の成長と事業承継を後押ししていくことは、日本経済が持続的な発展を続けていくために必要不可欠な取組であるといえます。

ガイドライン

中小企業が我が国経済・社会の基盤を支える存在であることは、改めて指摘するまでもない。中小企業は我が国企業数の約 99%（小規模事業者は約 85%）、従業員数の約 70%（小規模事業者は約 24%）を占めており、地域経済・社会を支える存在として、また雇用の受け皿として極めて重要な役割を担っている（図表 1、2）。

図表 1：企業数の内訳（総務省「平成 26 年経済センサス－基礎調査」）

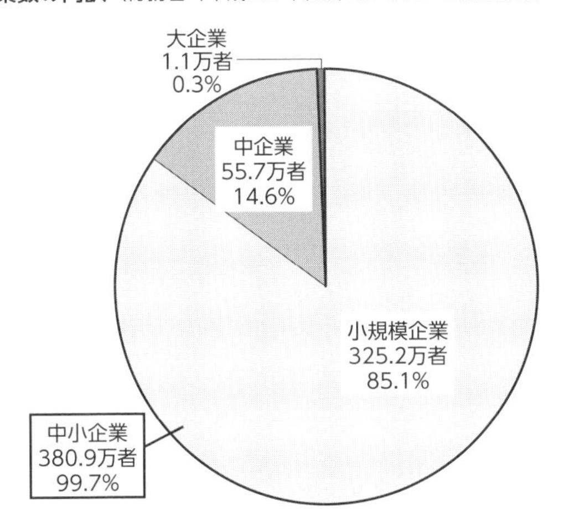

図表 2：従業員数の内訳（総務省「平成 26 年経済センサス－基礎調査」）

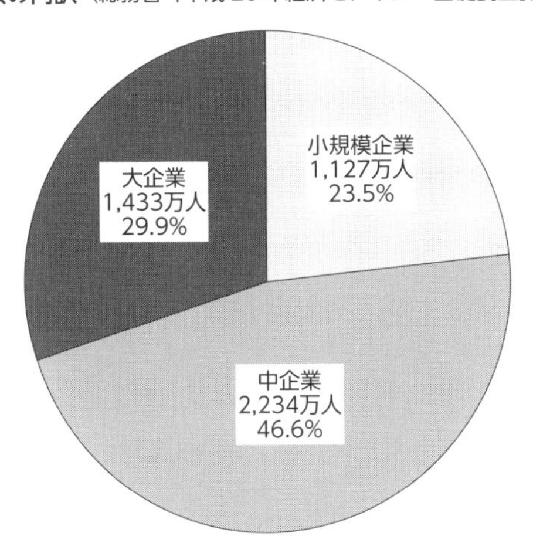

また、中小企業の中には時代の先駆けとして積極果敢に挑戦し、その過程で生み出したアイディア、技術やサービス等を武器として、大企業と渡り合い、あるいは新たな市場の開拓に成功する企業も存在し、我が国経済の活性化の一翼を担っているといえる。

このことは、小規模事業者についても同様である。小規模事業者は所在する市区町村や近隣自治体への商品販売の割合が多いなど、特に地域における商品・サービスの提供主体として欠くことのできない役割を担っている。一方、他者の提供する商品やサービスを購入する消費者の立場も併せ持っており、小規模事業者を介した循環型地域経済を形成しているのである。

国として、このような中小企業の成長を後押しし未来に承継していくことは、日本経済が持続的な発展を続けていくために必要不可欠な取組である。

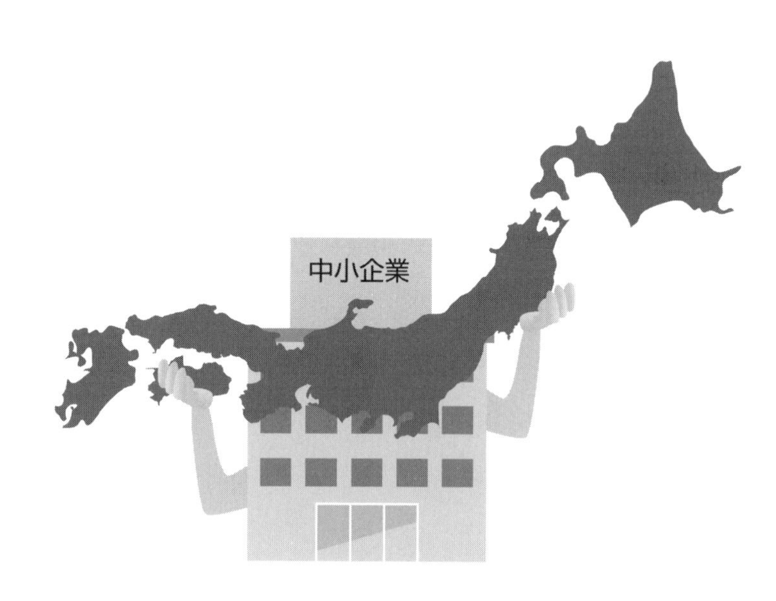

2 | 中小企業の現状と経営者の高齢化

Point!

◆国内の中小企業の数が減少傾向にあります。

◆経営者の平均年齢が上昇傾向にあり、高齢化が進んでいます。

◆経営者の交代が進んでいません。

◆中小企業経営者の引退年齢の平均は 67～70 歳です。

中小企業の数が減少するということは、そこで雇用される従業員の数が減少するということです。従業員にとって働く場所が無くなれば、所得が減少することになり、消費の減少を通じて、経済の規模が縮小することになります。

ガイドライン

「中小企業白書（2016年版）」（中小企業庁ホームページ）によれば、我が国経済は、経常利益が過去最高水準を記録するなど景況感は改善傾向にあり、賃金も上昇傾向が続くなど総じてみれば緩やかな回復を実現しているとされている。

一方で、中小企業の数については、1999年から2015年までの15年間に約100万社減少しており、ピークであったリーマンショック後も緩やかではあるが**中小企業数は減少傾向にある**。

これと同時に、**経営者の高齢化も進んでいる**。経営者交代率は長期にわたって下落傾向にあり、昭和50年代に平均5%であった経営者交代率は、足下約10年間の平均では3.5%に低下、2011年には2.46%まで落ち込んでいる。これに伴い全国の経営者の平均年齢は59歳9ヵ月と、過去最高水準に到達している（図表3）。

図表3：経営者の平均年齢と交代率（出典：帝国データバンク「全国社長分析」（2012年）。「全国社長分析」では2011年調査までは個人経営の代表を含んだ調査、2012年調査からは株式会社、有限会社に限定した調査となっており、株式会社、有限会社に限定した場合、2012年の経営者の交代率は3.61%、経営者平均年齢は58.7歳）

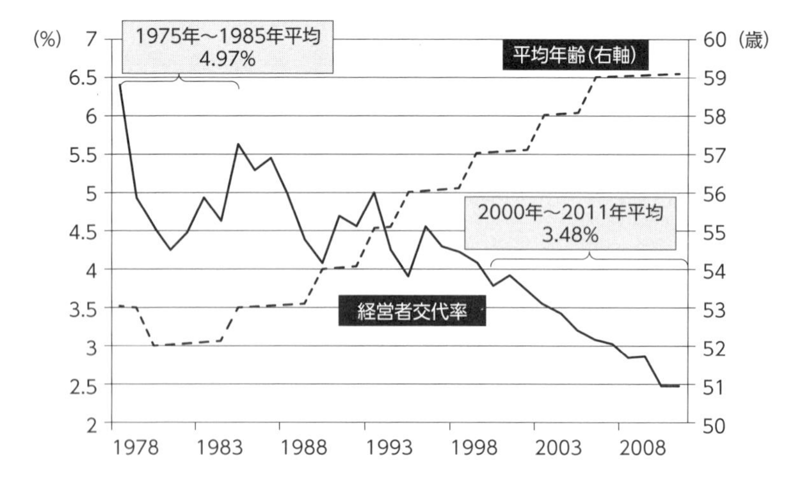

経営者交代率が長期にわたり下落傾向にあることは、多くの企業において経営者の交代が起こっていないことを示している。その結果として、1995 年頃には 47 歳前後であった経営者年齢のボリュームゾーンも 2015 年には 66 歳前後になっている（図表 4）。

図表 4：中小企業の経営者年齢の分布（年代別）（出典：中小企業庁委託調査「中小企業の成長と投資行動に関するアンケート調査」（2015 年 12 月、㈱帝国データバンク）、㈱帝国データバンク「COSMOS1 企業単独財務ファイル」、「COSMOS2 企業概要ファイル」を再編加工）

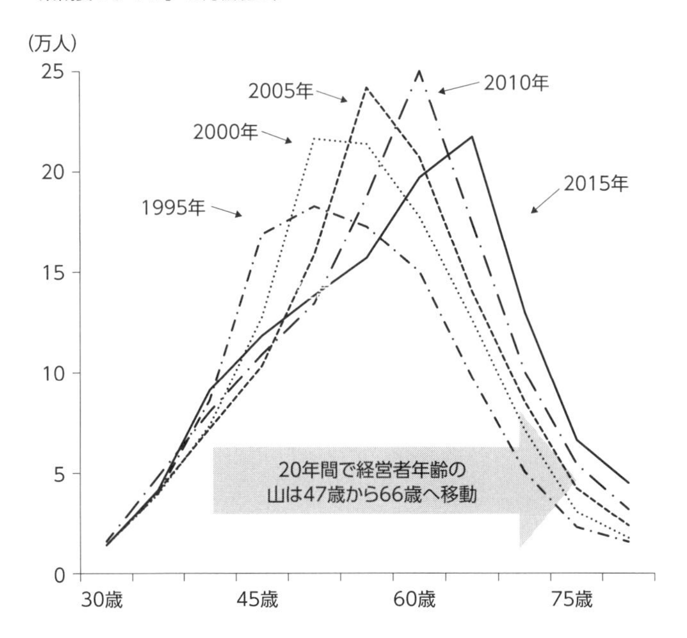

中小企業経営者の引退年齢は規模や企業の状況にもよるが平均では 67〜70 歳程度であるため（図表 5）、今後 5 年程度で多くの中小企業が事業承継のタイミングを迎えることが想定される。

図表5：経営者の平均引退年齢の推移（出典は：中小企業庁委託調査「中小企業の事業承継に関するアンケート調査」（2012年11月、㈱野村総合研究所））

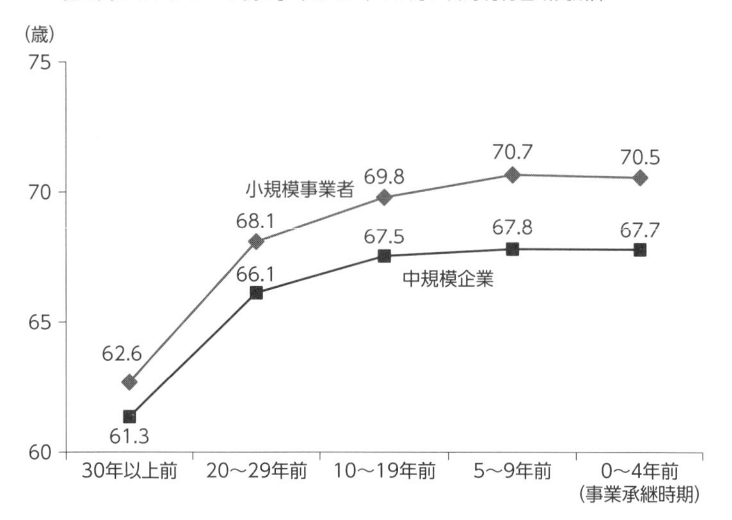

このような状況を踏まえると、中小企業の活力の維持・向上のため、事業承継の円滑化に向けた取組は中小企業経営者や支援機関（以下、主に商工会・商工会議所、金融機関、士業等専門家、中央会・同業種組合をいう。）、国・自治体等、すべての当事者にとって喫緊の課題であると言える。

3 | 中小企業における事業承継の現状

Point!

- 業績の悪化、事業の将来性の無さから、多くの経営者が廃業を考えています。
- 後継者がいないことから、多くの経営者が廃業を考えています。
- 業績が良い企業でも、後継者不在によって廃業を選択せざるを得ない経営者がいます。このような企業の事業承継を進めることが重要です。
- 近年は、親族内（子供）ではなく、親族外（従業員、第三者）へ事業承継を行うケースが増えてきています。

経営環境の変化によって業績が悪化し、事業の存続が難しくなる企業があります。これは時代の流れの中で避けることはできません。そのため、業績の悪化、将来性の無さから、多くの経営者が廃業を考えています。

その一方で、子供がいないことから後継者が見つからない、子供がいても事業を引き継ぎたいと思わないケースも多く見られます。大企業に就職して活躍してしまうなど、子供の生き方が多様化しているからでしょう。このような場合、業績が悪化していない企業でも事業承継ができなくなります。つまり、**後継者不在に起因する事業承継**が大きな問題となるのです。

このことから、近年は、親族以外から後継者を選ぶケースが増えてきています。すなわち、従業員や社外（第三者）から後継者を選び、事業承継を行うケースです。

ガイドライン

① **後継者確保の困難化**

日本政策金融公庫総合研究所が2016年に公表した調査（日本政策金融公庫総合研究所「中小企業の事業承継に関するインターネット調査」（2016年2月））によれば、調査対象企業約4000社のうち60歳以上の経営者の約半数（個人事業主に限っていえば約7割）が**廃業**を予定していると回答している（図表6）。そのうち廃業を予定している企業に廃業理由を聞いたところ、「当初から自分の代限りで辞めようと考えていた」（38.2%）、「事業に将来性がない」（27.9%）に続いて、「子供に継ぐ意志がない」「子供がいない」「適当な後継者が見つからない」といった**後継者難**を挙げる経営者が合計で28.6%に達した（図表7）。

この背景には、近年の息子・娘の職業選択の自由をより尊重する考え方の広がりや、**足下の業績から予測される自社の将来性が不透明であること**等、**事業承継に伴うリスクに対する不安の増大**等の事情があると指摘されている。

なお、この調査では、廃業予定企業であっても、約3割の経営者が、同業他社よりも良い業績を上げていると回答し（図表8）、今後10年間の将来性についても約4割の経営者が少なくとも現状維持は可能と回答している（図表9）。このことは、**廃業予定企業が必ずしも業績悪化や将来性の問題のみから廃業を選択しているわけではない**ことを示している。

図表6：後継者の決定状況（日本政策金融公庫総合研究所「中小企業の事業承継に関するインターネット調査」（2016年2月））

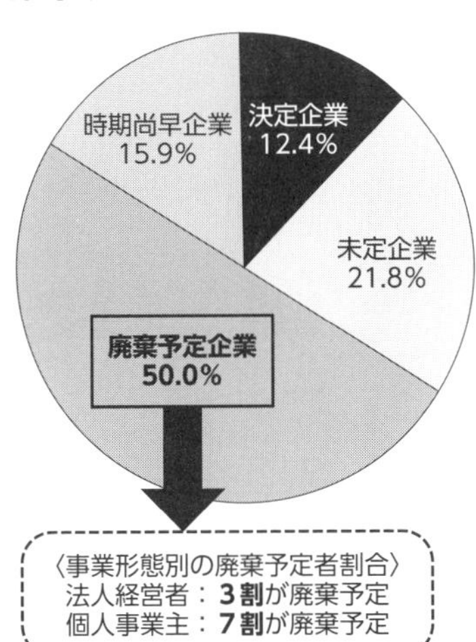

〈事業形態別の廃棄予定者割合〉
法人経営者：**3割**が廃棄予定
個人事業主：**7割**が廃棄予定

図表7：廃業予定企業の廃業理由（日本政策金融公庫総合研究所「中小企業の事業承継に関するインターネット調査」（2016年2月））

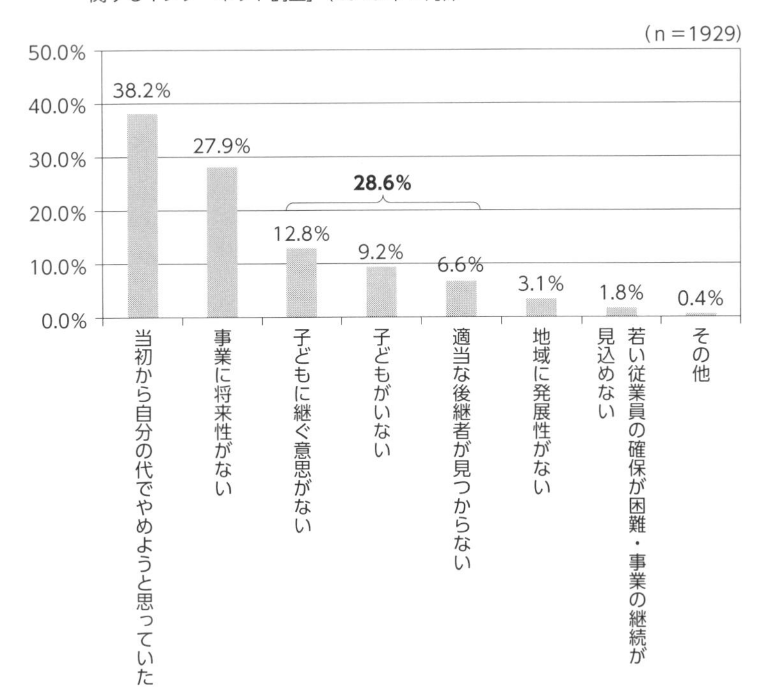

図表8：同業他社と比べた業績（日本政策金融公庫総合研究所「中小企業の事業承継に関するインターネット調査」（2016年2月））

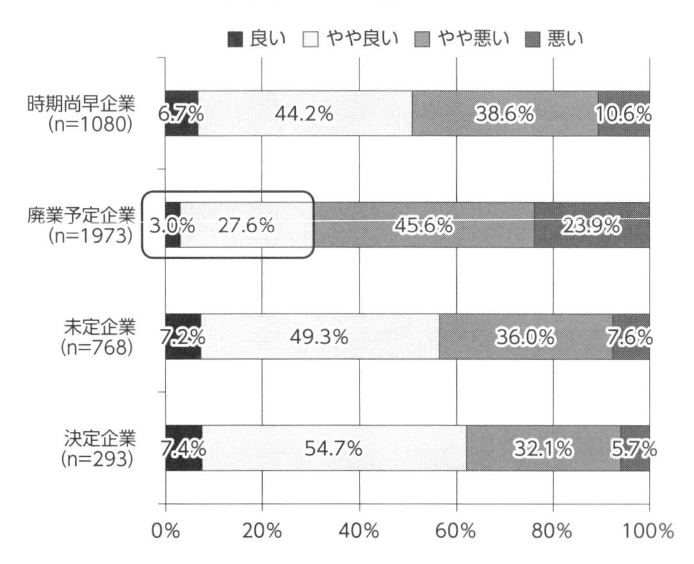

図表9：今後10年間の事業の将来性

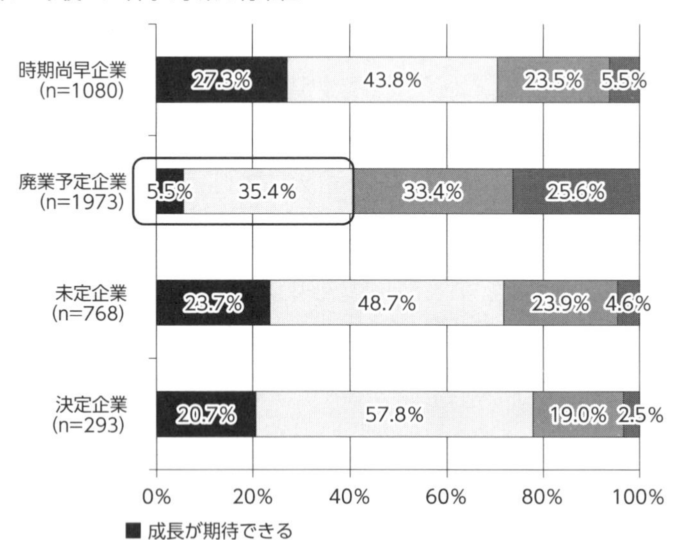

こうした企業が円滑に事業承継を行うことができれば、次世代に技術やノウハウを確実に引き継ぐとともに、雇用を確保し、地域における経済活動への貢献を続けることにもつながる。

② 親族外承継の増加

後継者確保の困難化等の影響から、近年、**親族内承継の割合の減少**と**親族外承継の割合の増加**が生じている。

2015年に中小企業庁が実施した調査（みずほ総合研究所㈱「中小企業の資金調達に関する調査」（2015年12月））によれば、在任期間が35年以上40年未満（現経営者が事業を承継してから35年から40年経過している）の層では9割以上が親族内承継、すなわち現経営者は先代経営者の息子・娘その他の親族であると回答している。

一方、この調査では在任期間が短いほど親族内承継の割合の減少と従業員や社外の第三者による承継の増加傾向が見られ、特に直近5年間では**親族内承継の割合が全体の約35%にまで減少**し、**親族外承継が65%以上**に達しているとの結果が示されている（図表10）。

図表10：経営者の在任期間別の現経営者と先代経営者との関係（みずほ総合研究所㈱「中小企業の資金調達に関する調査」（2015年12月））

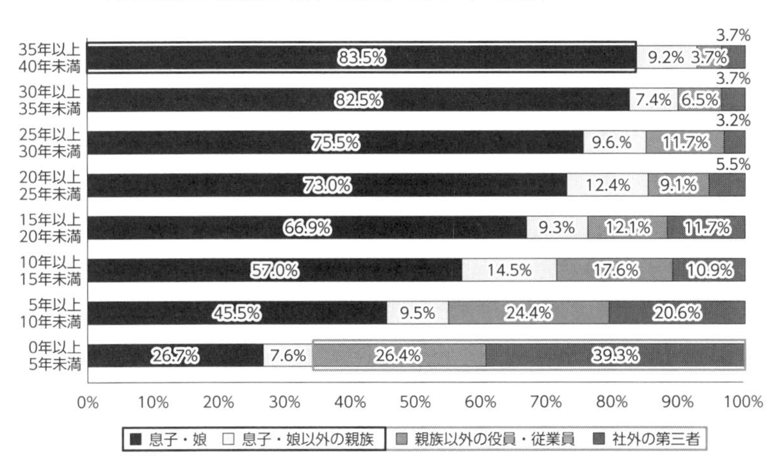

4 ｜ 早期取組の重要性

Point!

◆廃業を避けるには、早期に事業承継計画を立て、準備することが不可欠です。

◆事業承継に向けた準備の重要性が認識されておらず、実際にはほとんど準備が行われていません。

◆経営者が交代した中小企業は、交代しない中小企業よりも経常利益率が高いというデータがあります。つまり、事業承継は事業成長の契機となるのです。

◆経営者の引退年齢を 70 歳とすれば、事業承継の準備に 5 年～10 年要することから、60 歳になったら事業承継の準備に着手しなければなりません。

後継者の育成、後継者を中心とした経営体制への移行の作業には時間を要します。そのための移行期間が5年～10年です。事業承継のターゲット、引退する年齢を70歳と設定しますと、逆算して**60歳には事業承継の準備に着手**しなければいけないのです。

ガイドライン

かならずしも業績に問題のない中小企業が廃業の道を選んでしまう実態が存在する。そのような中小企業がやむを得ない廃業に至ることなく、円滑な事業承継を実現するためには、**早期に事業承継の計画を立て、後継者の確保を含む準備に着手すること**が不可欠である。

現に、中小企業経営者の高齢化が進んでいる状況の中、実際に準備に着手している企業は70代、80代の経営者ですら半数に満たない（図表11）。準備に着手していない中小企業の中には、様々な事情から実際の取組に移ることができていない中小企業の他、そもそも**事業承継に向けた準備の重要性を十分に認識していない中小企業も多数存在している**ものと考えられる。

図表11：経営者の年齢別にみた事業承継の準備状況 ㈱帝国データバンク「中小企業における事業承継に関するアンケート・ヒアリング調査」（2016年2月））

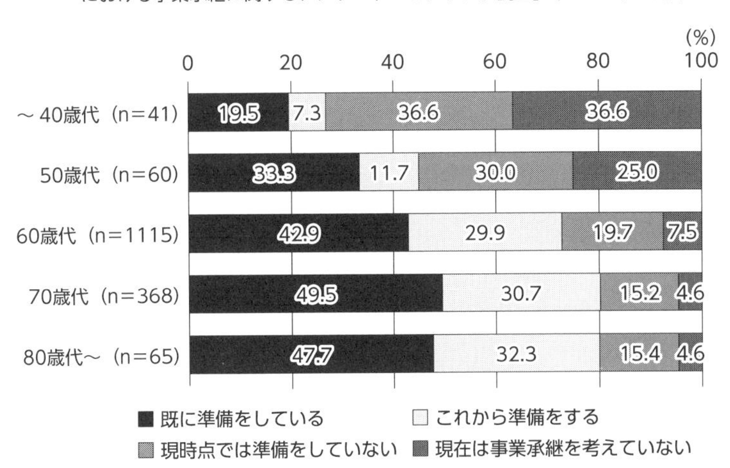

後継者の育成期間（図表 12）も含めれば、事業承継の準備には 5 年～10 年程度を要することから、平均引退年齢が 70 歳前後であることを踏まえると、60 歳頃には事業承継に向けた準備に着手する必要がある。

図表 12：後継者の育成に必要な期間（中小企業基盤整備機構「事業承継実態調査」（2011 年 3 月））

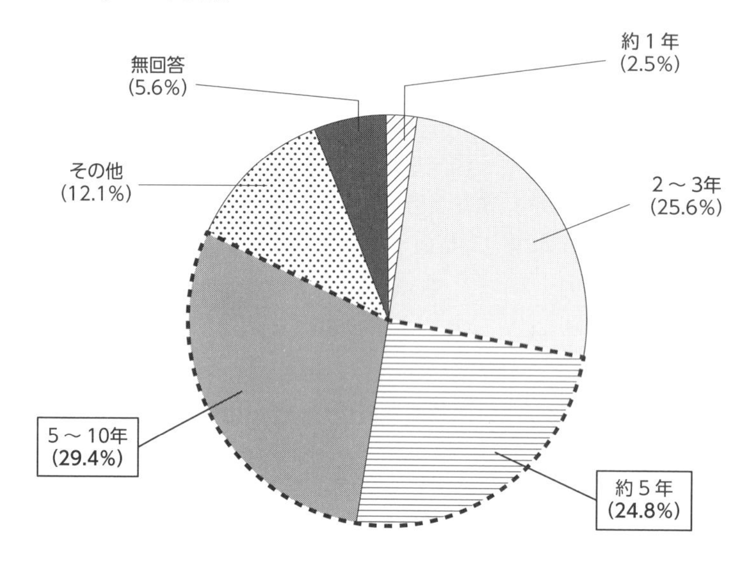

事業承継には明確な期限がないことから、差し迫った理由、例えば健康上の問題等がなければ、日々の多忙さに紛れ、対応を後回しにしてしまうことはやむを得ない側面もある。しかし、**経営者の交代があった中小企業において、交代のなかった中小企業よりも経常利益率が高い**との報告（図表 13）もあり、事業承継を円滑に行うことができれば事業の成長の契機となる。その反面、失敗すれば事業の継続自体も危ぶまれる可能性がある。

図表 13：**経営者の交代による経常利益率の違い**（㈱帝国データバンク「COSMOS1 企業単独財務ファイル」、「COSMOS2 企業概要ファイル」、2007 年度時点で 55 歳～64 歳の経営者について、2007 年度から 2008 年度にかけて経営者の交代の有無により、経常利益率を比較）

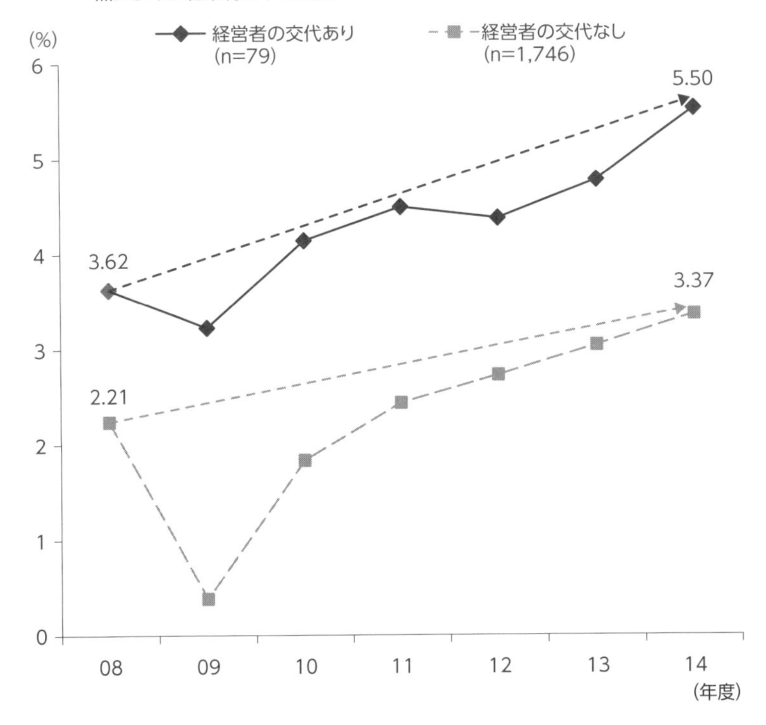

このことから、**中小企業経営者が、自身の経営者としての責任において向き合わざるを得ない課題が事業承継なのである。**

そこで、身近に相談できる者がおらず悩んでいる経営者や、日々の業務に追われ、セミナーや相談窓口を訪問するための十分な時間をとれない経営者に対しては、身近な支援機関等が日々のつながりの中で、事業の将来を見据えた積極的な対話を通して、**事業承継に向けた早期・計画的な取組**を促すことが大切である（その際、事業承継は経営者個人や親族の財産や相続にかかわるセンシティブな問題であることへの配慮を欠くことのないよう、注意すべきである。）。

【事例 1】計画的な取組による事業承継の成功事例
（事業承継計画の策定等を行い、子への円滑な承継を実現したケース）

中小同族会社の創業者である社長A（72 歳）は、後継者である子Bに社長職を譲った上で引退することを考えていた。株式保有比率は、Aが 80%、Aの妻が 20%で、今後段階的にBに対して譲渡していくことにしていた。

Bは後継者として将来社長職に就くことを了解していたが、営業担当者として営業活動に従事していたものの、**経営管理に関する知識に乏しく、実務にも携わっていなかった**。Aは社長職をBに譲ることはまだしも、株式を譲渡することにより会社運営の決定権を渡すことは絶対できないとして悩んでいた。

その後、相談に赴いた事業引継ぎ支援センターの助言も踏まえ、AはBを含む家族内で話し合いを行い、解決のためには事業承継を進めるための**事前準備**を行う必要があるとの結論に至った。そして、社長交代や株式譲渡の時期、**後継者教育**などについて、今後数年間をかけて徐々に進めていくために事業承継計画を策定することとした。

税理士などの専門家の支援を得ながら計画を策定する中で、以前からBが**経営管理業務の習得**を望んでいたことが判明したため、**社内での実務習得に加え、社外の研修等を受講し始めた**。こうした行動の変化に安心したAは、3 年後に社長職をBに譲り、5 年後までに全株式をBに集中することを盛り込んだ**事業承継計画**をBとともに策定した。策定した計画については、主要取引先や金融機関などにも開示し、その賛同を得ている。

現在AとBは、社長業の引継ぎを行うと同時に、Bを中心として事業承継計画に盛り込んだ新規事業に着手するなど、二人三脚で事業承継計画を実行に移しており、業績も順調に推移している。

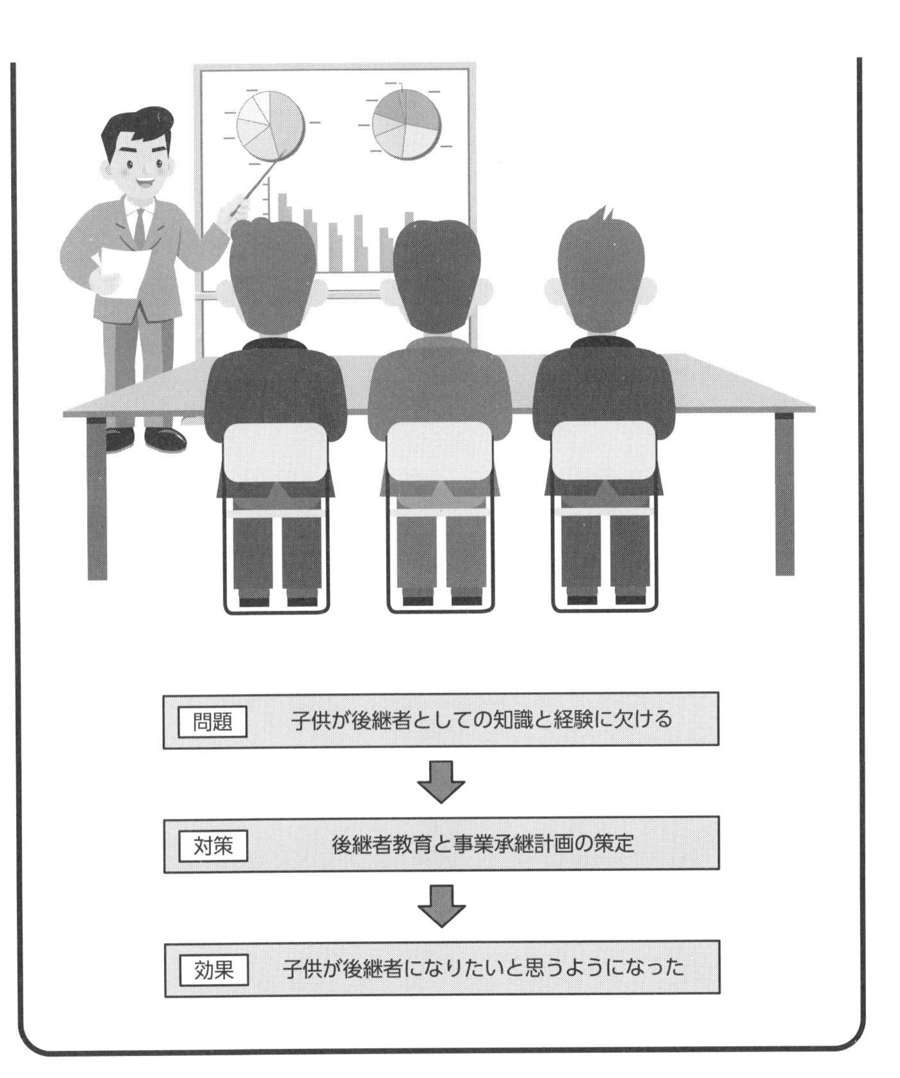

【事例 2】早期・計画的な取組ができなかった失敗事例
(対策を講じないまま子に社長職を譲り、社長解任に至ったケース)

業績が低迷していた中小同族会社の社長A(76歳)は、高齢を理由に後継者である子Bに社長職を譲り代表権のある会長に就任した。しかし、会社の実権を渡すのは時期尚早として、株式については継続してA

が100%保有していた。

新社長に就任したBは、株式はいずれ譲渡してもらえばよいと考え、社長交代に際して**株式の譲渡時期といった具体的な取り決めを行わなかった。**

社長交代以降、Bが主導して急速な経営改革を断行し、新規顧客の開拓や利益率の改善、経費圧縮等により会社の業績は回復。単年度収益の黒字転換を果たすことが出来たことに加え、若手従業員のモチベーションも向上していた。

しかし、Aは会社運営に関する相談をほとんど持ちかけられなかったことから内心面白くなく、加えて一部の古参従業員から不満をぶつけられたこともあり、臨時株主総会を開催してBを解任してしまった。

社長に返り咲いたAを中心に事業は続けられているが、**社内の不和を主因として赤字に転落。**取引先からは不自然な社長交代に関する問い合わせが相次ぎ、取引継続に関する不安が高まっていた。

このような状況のもと、BはなんとかAを説得して再度社長に復帰して業績回復を実現したいとしているが、Aの了解が得られず膠着状態が続いている。

② 事業承継とはどのようなものか

1 | 事業承継の類型

Point!

- ◆事業承継の類型は、①親族内承継、②役員・従業員承継、③社外への引継ぎの３つです。
- ◆親族内承継は減少しています。これまでは、相続税対策のみ検討すればよいと考えられてきましたが、今後は、後継者が安心して引き継ぐことができる企業であるかを考えなければなりません。
- ◆従業員承継では、株式買取りのための資金を調達できるかどうか、親族株主の了解を得ることができるかどうかが重要な論点です。
- ◆M＆Ａ等は増加傾向にあります。最適なマッチング候補を見つけるまで数ヶ月〜数年の期間を要することから、十分な時間的余裕をもって準備することが必要です。

経営者も人間（親）ですから、自分の子供に事業を継がせたいとするのが心情です。しかし、子供が継がないことになった場合、次に考えるのは、身近で働いてこれまで企業を支えてくれた従業員でしょう。しかし、仕事が有能であっても経営者として能力がある人材を見つけることができるかどうかはわかりません。また、優良企業であれば、株式や事業用資産の買取りに多額の資金が必要となることが問題となります。そこで、最後の手段となるのが、社外の第三者（同業他社）に継いでもらうことです。ただし、相手の企業から買取りたいと思ってもらえるかどうかが問題となり、相手探しには時間がかかります。

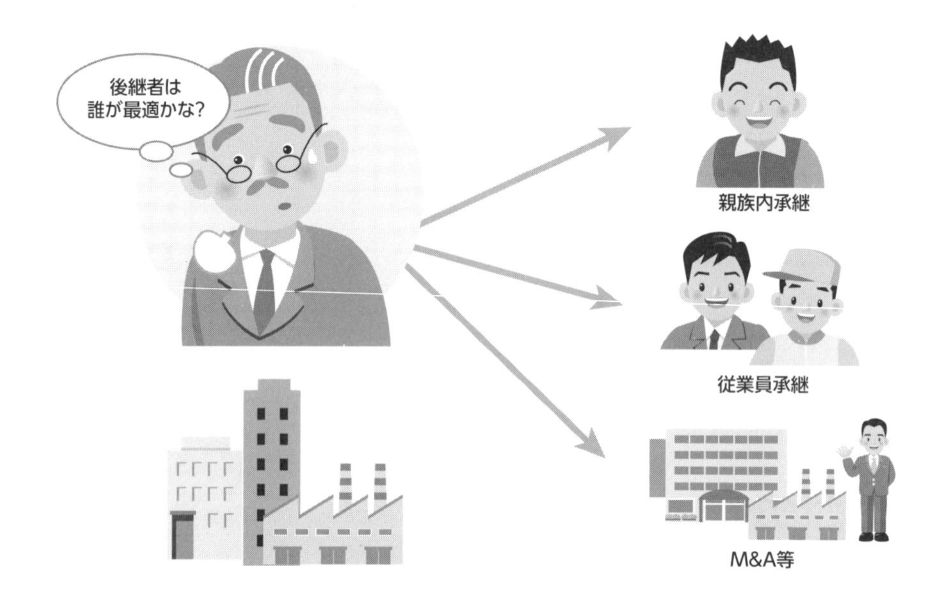

ガイドライン

ガイドラインでは、事業承継を親族内承継、役員・従業員承継、社外への引継ぎ（M＆Ａ等）の３つの類型に区分した。まず、類型毎の特徴や最近の状況を簡潔に紹介する。

① 親族内承継

現経営者の子をはじめとした親族に承継させる方法である。一般的に他の方法と比べて、内外の関係者から心情的に受け入れられやすいこと、後継者の早期決定により長期の準備期間の確保が可能であること、相続等により財産や株式を後継者に移転できるため所有と経営の一体的な承継が期待できるといったメリットがある。

前述のとおり、**事業承継全体に占める親族内承継の割合が急激に落ち込んでいる**。これには、子どもがいる場合であっても、事業の将来性や経営の安定性等に対する不安の高まりや、家業にとらわれない職業の選択、リスクの少ない安定した生活の追求等、子ども側の多様な価値観の影響も少なからず関係しているものと思われる。

これまで、親族内承継においては**相続税対策**のみを行えば足りるかのように捉えられてきたが、現下の中小企業の経営環境を踏まえると、後継者は、引き継ぐこととなる事業はどのような状況にあるのか、将来に向けて継続していくための準備が行われているか、あるいは準備を進められる状況にあるのか等に関心がある。言い換えると、**後継者にとって「引き継ぐに値する企業であるか」を現経営者は問われている**ということを認識する必要がある。

その意味で、現経営者には、事業承継を行う前に、経営力の向上に努め、経営基盤を強化することにより、**後継者が安心して引き継ぐことができる経営状態まで引き上げる**ことが求められている。

また、事業承継を円滑に進めるためには、現経営者が自らの引退時期を定め、そこから後継者の育成に必要な期間を逆算し、十分な準備期間を設けて、**後継者教育（技術やノウハウ、営業基盤の引継ぎを含む）に計画的に取り組む**ことが大切である。

② 役員・従業員承継

「親族以外」の役員・従業員に承継する方法である（以下、「従業員承継」という）。経営者としての能力のある人材を見極めて承継することができること、社内で長期間働いてきた従業員であれば経営方針等の一貫性を保ちやすいといったメリットがある。

親族内承継の減少を補うように、従業員承継の割合は近年、急増している。これまで従業員承継における大きな課題であった**資金力問題**については、種類株式や持株会社、従業員持株会を活用するスキームの浸透や、親族外の後継者も事業承継税制（非上場株式等についての相続税及び贈与税の納税猶予・免除制度）の対象に加えられたこと等も相まって、より実施しやすい環境が整いつつある。

また、従業員承継を行う場合の重要なポイントとして、**親族株主の了解を得ること**が挙げられる。現経営者のリーダーシップのもとで早期に親族間の調整を行い、関係者全員の同意と協力を取り付け、事後に紛争が生じないようしっかりと道筋を付けておくことが大切である。

③　社外への引継ぎ（M＆A等）

株式譲渡や事業譲渡等（以下、「M＆A等」という）により承継を行う方法である。親族や社内に適任者がいない場合でも、広く候補者を外部に求めることができ、また、現経営者は会社売却の利益を得ることができる等のメリットがある。

M＆A等を活用して事業承継を行う事例は、中小企業における後継者確保の困難化等の影響も受け、近年増加傾向にある。後継者難のほか、中小企業のM＆A等を専門に扱う民間仲介業者等が増えてきたことや、国の事業引継ぎ支援センターが全国に設置されたことからM＆A等の認知が高まったことも一因となっているものと考えられる。

社外への引継ぎを成功させるためには、本業の強化や内部統制（ガバナンス）体制の構築により、企業価値を十分に高めておく必要があることから、現経営者にはできるだけ早期に専門家に相談を行い、**企業価値の向上（磨き上げ）**に着手することが望まれる。

M＆A等によって最適なマッチング候補を見つけるまでの期間は、M＆A対象企業の特性や時々の経済環境等に大きく左右され、数ヶ月～数年と大きな幅があることが一般的である。相手が見つかった後も数度のトップ面談等の交渉を経て、最終的に相手側との合意がなされなければM＆A等は成立しない。このため、M＆A等を実施する場合は、**十分な時間的余裕をもって臨むこと**が大切である。

2 | 事業承継の構成要素

Point!

- 後継者に承継すべき経営資源は、「人（経営）」、「資産」、「知的資産」の３つに大別されます。
- 中小企業では、経営ノウハウや取引関係が経営者個人に集中していることが多いため、事業運営や業績は経営者の資質に依存することとなります。
- 後継者教育には５年～10年を要するため、後継者候補はできるだけ早期に選定すべきです。
- 資産承継では、株式又は事業用資産を承継することになりますが、その際に伴う税負担（相続税・贈与税）を考慮した承継スキームを検討しなければなりません。
- 知的資産こそが会社の強み、価値源泉であり、企業の競争力となっていることから、その承継が重要な論点です。そのために、知的資産経営報告書を作成するなど、知的資産を「見える化」するとともに、対話によってそれらを後継者へ伝えていくことが必要となります。

後継者へ承継すべき経営資源の中では、**知的資産**が最も重要だと考えられます。しかし、経営ノウハウ、信用・ブランド、技術や技能、顧客情報といった知的資産は、目に見えにくいものであるため、それらを承継することは容易ではありません。それらは経営者個人の帰属するものであり、経営者個人の頭の中に入っている情報だからです。それゆえ、現経営者は後継者との「対話」を通じて、目に見えにくい経営資源がどのようなものであるのか、後継者に言葉で伝えていかなければならないのです。

ガイドライン

事業承継は単に**「株式の承継」＋「代表者の交代」**と考えられることがあり、事業承継対策といっても、例えば親族内承継であれば一時的に利益を減らして株価を下げて贈与すればよい、M&Aであれば株価の評価を高め売却益を確保すれば良いといった手法の議論に終始してしまう傾向があることが指摘されている。

しかし、事業承継とは文字通り「事業」そのものを「承継」する取組であり、事業承継後に後継者が安定した経営を行うためには、**現経営者が培ってきたあらゆる経営資源を承継する必要がある**。後継者に承継すべき経営資源は多岐にわたるが、**「人（経営）」、「資産」、「知的資産」**の3要素に大別される（図表14）。

円滑な事業承継を実現するためには、上記の各経営資源を適切に後継者に承継させていく必要がある。冒頭で例に挙げた株式の承継も、事業承継にあたっての重要な事項ではあるが、事業承継の取組全体の中では資産の承継の一部に過ぎない。

このように事業承継に向けた取組において検討すべき事項は人（経

図表 14：事業承継の構成要素

人（経営）の承継	資産の承継
・経営権	・株式 ・事業用資産 （設備・不動産等） ・資金 （運転資金・借入等）

知的資産の承継

・経営理念 ・経営者の信用 ・知的財産権（特許等）	・従業員の技術や技能 ・取引先との人脈 ・許認可　等	・ノウハウ ・顧客情報

営）・資産・知的資産と多面的であり、事業承継に向けた取組は一見大変な作業のように思われるが、「事業」そのものを「承継」する取組を中心に、取り組むべき課題を明確にすれば、日々の事業運営の中で取り組むことができることも多い。しかし、一般に事業承継には時間を要することから、**十分な準備期間をもってこれらの作業を着実に進めていく**という認識が、円滑な事業承継には不可欠である。

以下では、上記の三要素の承継のエッセンスを紹介する。

①　人（経営）の承継

人（経営）の承継とは、後継者への経営権の承継を指す。会社形態であれば代表取締役の交代、個人事業主であれば現経営者の廃業・後継者の開業によるものと考えられる。現経営者が維持・成長させてきた事業を誰の手に委ねるべきか、**適切な後継者の選定**は事業承継の成否を決する極めて重要な問題である。**特に、中小企業においてはノウハウや取引関係等が経営者個人に集中していることが多いため、事業の円滑な運営や業績が経営者の資質に大きく左右される傾向がある。**

親族内承継や従業員承継において、後継者候補を選定し、経営に必要な能力を身につけさせ、また後述する知的資産を含めて受け継いでいくには５年から10年以上の準備期間が必要とされ、これらの取組に十分な時間を割くためにも、**後継者候補の選定は出来るだけ早期に開始すべき**である。

また、中小企業における事業承継の現状でも触れたとおり、近年は親族の中から後継者候補を見つけることが困難な企業も増加してきている。このような場合において、会社や事業の社外への引継ぎ（M＆A等）が、事業承継の有力な選択肢の一つとして認識されてきている。事業承継の検討に際しては親族内・従業員承継に向けて後継者の選定を行うだけでなく、状況によってはM＆A等による外部の第三者への事業承継の可能性も視野に入れて検討を進めるべきである。

② 資産の承継

資産の承継とは、事業を行うために必要な資産（設備や不動産などの事業用資産、債権、債務であり、株式会社であれば会社所有の事業用資産を包含する**自社株式**である。）の承継を指す。会社形態であれば、会社保有の資産の価値は株式に包含されるので、**株式の承継**が基本となる。他方、個人事業主の場合は、機械設備や不動産等の事業用資産を現経営者個人が所有していることが多いため、**個々の資産を承継**する必要がある。

また、株式・事業用資産を贈与・相続により承継する場合、資産の状況によっては**多額の贈与税・相続税**が発生することがある。後継者に資金力がなければ、税負担を回避するために株式・事業用資産を分散して承継し、事業承継後の経営の安定が危ぶまれる等の可能性もある。そのため**税負担に配慮した承継方法を検討しなければならない**。

さらに、例えば親族内承継においては株式・事業用資産以外の個人財産の承継や他の推定相続人との関係も視野に入れる必要があり、また類型にかかわらず、現経営者個人の負債や保証関係の整理・承継を行う必要があるなど、資産の承継に際して考慮すべきポイントは専門的かつ多岐にわたる。そのため、資産の承継に向けた準備に着手する段階で、早期に税理士等の専門家に相談することが有益である。

③　知的資産の承継

ア）知的資産とは何か

知的資産とは、「従来の貸借対照表上に記載されている資産以外の無形の資産であり、**企業における競争力の源泉**である、人材、技術、技能、知的財産（特許・ブランドなど）、組織力、経営理念、顧客とのネットワークなど、財務諸表には表れてこない目に見えにくい経営資源の総称」である。

どのような規模、どのような状況の会社であっても、その会社から製品・商品・サービスを選び、購入してくれる顧客がある限り、それぞれの会社にとっての知的資産があり、事業運営に活用されている。

例えば、中小企業においては**経営者と従業員の信頼関係**が事業の円滑な運営において大きな比重を占めていることが多い。そのため、経営者の交代に伴ってかかる信頼関係が喪失することで、従業員の大量退職に至った事例も存在する。このような事態を防ぐためには、自社の強み・価値の源泉が経営者と従業員の信頼関係にあることを後継者が深く理解し、従業員との信頼関係構築に向けた取組を行う必要がある。

イ）知的資産の承継のために

上記のように、知的資産こそが会社の「強み」・「価値の源泉」であることから、知的資産を次の世代に承継することができなければ、その企業は競争力を失い、将来的には事業の継続すら危ぶまれる事態に陥ることも考えられる。

そこで、事業承継に際しては、自社の強み・価値の源泉がどこにあるのかを現経営者が理解し、これを後継者に承継するための取組が極めて重要である。

知的資産の承継にあたっては、**「事業価値を高める経営レポート」**や**「知的資産経営報告書」**（「事業価値を高める経営レポート」（知的資産経営報告書」とは、自社の強みである知的資産（貸借対照表に計上されている以外の無形の資産、人材、技術、知的財産、組織力、顧客とのネットワーク等）を「見える化」するための様式である。経済産業省ホームページ「知的資産経営ポータル」参照。（http://www.meti.go.jp/

policy/intellectual_assets/)）等の枠組み・着眼点に沿って**自社が保有する知的資産に気付くこと（知的資産の棚卸し）**から始め、その「見える化」を行うことが大切である。この見える化の過程においては、アウトプットとしてのレポートの作成を目的とするのではなく、現経営者自ら自社の沿革や取組を振り返りつつ、自社の強み・価値の源泉を「自ら整理」したうえで、**後継者等の関係者との「対話」を通じて認識を共有する**ことが不可欠である。

また、必要に応じて外部専門家の支援を受ける場合には、現経営者や後継者が自ら整理するにあたっての「聞き出し役・引き出し役」に徹することが重要であり、第三者である専門家に形式的にレポートや報告書等の作成を求めるだけでは、円滑な事業承継にはつながらないことに留意すべきである。

第２章

事業承継に向けた準備の進め方

① 事業承継に向けた準備について

Point!

- ◆どのような経営者でも、事業承継に向けた準備の必要性と重要性をしっかり認識して、早い段階で準備に着手しなければなりません。
- ◆経営状況や経営課題を把握し、事業承継に向けた「経営改善」に取り組むことも必要です。
- ◆親族内・従業員承継の場合は、事業承継計画を策定します。
- ◆M&A等の場合は、引継ぎ先を選定するためのマッチングが必要となります。

現在、事業承継が円滑に進まない原因の一つに、事業承継の準備が行われていないことが挙げられます。これは、そもそも事業承継に準備が必要であること、事業承継の準備に5年～10年の期間を要すること、事業承継の準備の巧拙がその成否を分けることが知られていないからでしょう。

事業承継を実行するまでには、親族内・従業員承継の場合は、事業承継計画を立案することが必要となりますし、M&A等の場合は、引継ぎ先を選定するためのマッチング（相手探し）が必要となります。いずれも手間と時間をかけて行わなければなりません。準備の必要性を認識するとともに、**早めに着手すること**が求められるのです。

ガイドライン

ここまでに述べたとおり、事業承継の円滑化のためには、早期に準備に着手し、専門家等の支援機関の協力を得ながら、事業承継の実行、さらには自社の事業の10年後をも見据えて、着実に行動を重ねていく必要がある。

どのような経営者であっても、まずは**事業承継に向けた準備の必要性・重要性**をしっかりと認識しなければ、準備に着手することはできない。

次に、経営状況や経営課題等を把握し、これを踏まえて事業承継に向けた**経営改善**に取り組む。ここまでで、事業承継に向けて中小企業の足腰を固めることができる。

その後、親族内・従業員承継の場合には、後継者とともに事業計画や資産の移転計画を含む**事業承継計画**を策定し、事業承継の実行に至る。他方、社外への引継ぎを行う場合には、引継ぎ先を選定するための**マッチング**を実施し、合意に至ればM＆Ａ等を実行することとなる。

さらに、事業承継実行後（経営交代後の取組＝「ポスト事業承継」）には、後継者による中小企業の成長・発展に向けた新たな取組の実行が期待される。

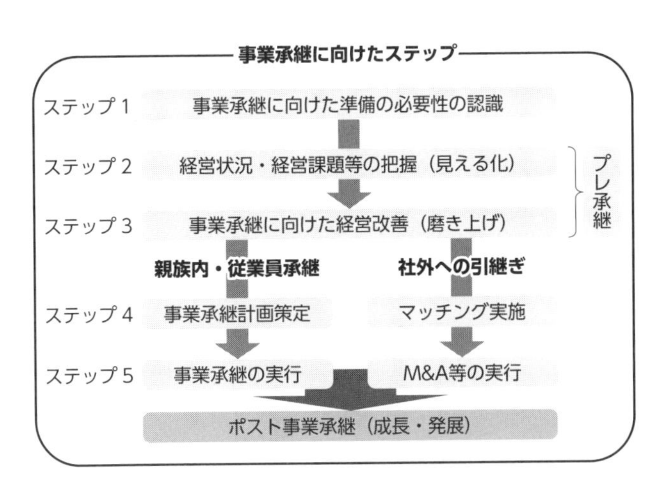

② 事業承継に向けた5ステップの進め方

1 ステップ1 事業承継に向けた準備の必要性の認識

（親族内・従業員承継、社外への引継ぎに共通）

Point!

◆経営者が60歳に達した頃には、事業承継の準備に取りかかることが必要です。

◆事業承継の準備に取り組むきっかけとして、「事業承継診断」を行うことが有益です。

経営者に対して事業承継を促すようなアドバイスをしてくれる人は、周りにほとんどいないでしょう。経営者個人は、何歳になってもいつまでも現役で働くことができると意気込んでいることが多く、60歳なんてまだまだ若いと思っているはずです。一方、従業員にとってみれば、自分の雇い主であり、上司に対して、引退を促すことを進言できるはずがありません。そのため、経営者は、多忙な毎日の中で立ち止まって事業承継のことを考える機会がないのです。

中小企業庁から**「事業承継診断」**のテンプレートが提供されています。一度立ち止まって事業承継のことを考えるきっかけとしていただきたいものです。

ガイドライン

一般的に、事業承継問題は、家族内の課題として捉えられがちであり、気軽に外部に相談できないとする経営者も少なくない。このため、やっと事業承継の準備に着手し、専門家のもとを訪れた時には既に手遅れになっていたという事例も少なからず見受けられる。

このため、後継者教育等の準備に要する期間を考慮し、**経営者が概ね60歳に達した頃には事業承継の準備に取りかかることが望ましく**、またそのような社会的な認識を醸成することが大切である。他方で、60歳を超えてなお経営に携わっている経営者も多数存在するが、そのような場合は、すぐにでも身近な専門家や金融機関等の支援機関に相談し、事業承継に向けた準備に着手すべきである。

他方、支援機関側にとっても、事業承継問題は、広範かつ専門的な知識・経験を必要とすることに加え、プライベートな領域にも踏み込まざるを得ない側面を有していることから、相談を待つといった受け身の姿勢になりがちである。

もちろん、早期・計画的な事業承継への取組は、一義的には経営者本人の自覚に委ねられるが、日常の多忙さ等から対応が後手に回りがちなため、国や自治体、支援機関が概ね60歳を迎えた経営者に対して承継準備に取り組むきっかけを提供していくことが重要である。

この方法としては、事業承継に向けた準備状況の確認や、次に行うべきことの提案等、事業承継に関する対話のきっかけとなる**「事業承継診断」**(事業承継に関する診断項目への回答を通じて、自社の将来や事業承継に向けた進め方・課題について経営者自ら検討するきっかけとする取組であり、事業承継に向けた早期かつ計画的な準備への着手を促すものである。)の実施が有益である。

2 ステップ2 経営状況・経営課題等の把握（見える化）

（親族内・従業員承継、社外への引継ぎに共通）

Point!

◆まず経営状況や経営課題、経営資源等を見える化し、現状を正確に把握しましょう。それに基づいて自社の強みと弱みを把握し、今後の経営改善の方向性を考えます。

◆自社の経営状況を調べるときには、企業を取り巻く環境変化やそれに伴う経営リスク等も合わせて把握する必要があります。

◆会社の経営状況の見える化には、例えば、以下のような取組があります。

✓ 会社と経営者個人の関係を明確化すること
✓ 適正な決算を行うこと
✓ 自社株式の株価を計算すること
✓ 部門別・商品別の損益や収益性の分析を行うこと
✓ 事業価値の源泉がどこにあるのか調べること
✓ 「ローカルベンチマーク」を活用して業界内での位置づけを評価するとともに、経営力向上計画を作成すること

◆事業承継課題の見える化には、例えば、以下のような取組があります。

✓ 後継者の有無を確認すること
✓ 後継者候補に関する利害関係者への対応を検討すること
✓ 親族内承継の場合、相続財産を把握して相続税額を試算すること

会社の経営状況の見える化

適正な決算　　収益性・株価　　価値源泉

事業承継課題の見える化

後継者は？　　関係者は？　　相続税？

事業承継に伴う論点は、財産承継から経営承継まで多岐にわたります。準備を開始しようとしても、何をどうすればよいか、わからないことが多いでしょう。まずは経営の現状を分析し、解決しなければならない課題を見つけ出しましょう。

企業のおかれた状況、企業が抱える経営資源によって解決すべき課題は異なります。収益性の現状を確かめ、その収益を生み出していたものは何であったのかを考えてみましょう。事業価値の源泉を探るのです。事業承継で最も重要なことは、価値源泉を壊さないように次世代に引き継ぐことなのです。

もちろん、その価値が大きければ、利害関係者に与える影響、負担しなければならない税金は大きくなります。それらがどのくらい大きなものかを調べ、解決すべき課題を明確化しましょう。

ガイドライン

事業を後継者に円滑に承継するためのプロセスは、**経営状況や経営課題、経営資源等を見える化し、現状を正確に把握**することから始まる。

把握した自社の経営状況・経営課題等をもとに、現在の事業がどれくらい持続し成長するのか、商品力・開発力の有無はどうなのか、利益を確保する仕組みになっているか等を再度見直して**自社の強みと弱み**を把握し、強みをいかに伸ばすか、弱みをいかに改善するかの方向性を見出すことが必要である。

現状把握は、経営者自ら取り組むことも可能であるが、身近な専門家や金融機関等に協力を求めた方がより効率的に取り組むことができる。また、個人事業主についても同様な観点を持つことが望まれる。

① 会社の経営状況の見える化

経営状況の把握は、**会社を取り巻く環境変化やそれに伴う経営リスク**等も合わせて把握する必要があるため、例えば、業種団体・中小企業支援団体等が主催する業界動向等に関する勉強会等に参加し、情報収集を行うことも有益である。また、経営資源には、貸借対照表に計上される資産のみならず、**知的資産等の目に見えない資産**も含まれることに留意が必要である。

「経営状況の見える化」の目的は、経営者自らの理解促進に留まらず、関係者に対して自社の状態を開示することでもあるため、見える化に係る評価基準が標準化されていなければならない。このため、正確で適正な決算書の作成や業界内における地位の確認、知的資産等の適切な評価などにも取り組む必要がある。

会社の経営状況の見える化に資する主な取組を以下に紹介する。

- 経営者所有の不動産で、事業に利用しているものの有無、当該不動産に対する会社借入に係る担保設定、経営者と会社間の貸借関係、経営者保証の有無等、**会社と個人の関係の明確化**を図る。
- 「中小企業の会計に関する指針」や「中小企業の会計に関する基本要領」等を活用した**適正な決算処理**が行われているかを点検する。

- 保有する自社株式の数を確認するとともに**株価評価**を行う。
- 商品毎の月次の売上・費用（部門別損益）の分析を通じた自社の稼ぎ頭商品の把握や、製造工程毎の不良品の発生状況の調査を通じた製造ラインの課題の把握、在庫の売れ筋・不良の把握や鑑定評価の実施等を行い、適切な「磨き上げ」に繋げる。
- 「事業価値を高める経営レポート」や「知的資産経営報告書」等の枠組みや着眼点を活用し、自社の**知的資産**について、他社ではなく、なぜ、自社が取引先に選ばれているのか等という観点から自社の**事業価値の源泉**について適切に認識する。
- 「ローカルベンチマーク」を活用して自社の業界内における位置付け等を客観評価する。なお、人材育成、コスト管理等のマネジメントの向上や設備投資など、中小企業の経営力向上を図る**「経営力向上計画」**や、同計画に基づく支援措置を内容とする**「中小企業等経営強化法」の活用**も検討すべきである。同計画の策定にあたっての「現状認識」の方法の一つとして、上記**「ローカルベンチマーク」**の活用が想定されている。

② 事業承継課題の見える化

事業承継を円滑に行うためには、会社の経営状況のみならず、**事業承継を行うにあたっての課題を見える化**し、早期の対応につなげる必要がある。以下に基本的な取組を掲げるが、いずれも極めて重要である。

- **後継者候補の有無**を確認する。候補がいる場合は、承継に係る意思確認の時期や、候補者の能力、適性、年齢、意欲等を踏まえ、後継者に相応しいかどうかを検討する。後継者候補がいない場合は、社内外における候補者の可能性について検討する。
- 後継者候補に対して、親族内株主や取引先等から異論が生じる可能性がある場合は、その対応策を事前に検討する。
- 親族内承継の場合は、将来の相続発生も見据えて、相続財産を特定し、**相続税額の試算**、納税方法等を検討する。

(参考①)「中小企業の会計に関する指針」「中小企業の会計に関する基本要領」

a．中小企業の会計に関する指針(中小企業庁ホームページ参照(http://www.chusho.meti.go.jp/zaimu/youryou/sisin/index.htm))

中小企業が、計算書類の作成に当たり、拠ることが望ましい会計処理や注記等を示す指針。とりわけ会計参与が取締役と共同して計算書類を作成するに当たって拠ることが適当な会計のあり方を示すものとなっている。

b．中小企業の会計に関する基本要領(中小企業庁ホームページ参照(http://www.chusho.meti.go.jp/zaimu/youryou/))

「中小企業の会計に関する指針」に比べ、簡便な会計処理をすることが適当と考えられる中小企業を対象とした要領。以下の観点から作成された。

・中小企業の経営者が活用しようと思えるよう、理解しやすく、自社の経営状況の把握に役立つ
・中小企業の利害関係者(金融機関、取引先、株主等)への情報提供に資する
・中小企業の実務における会計慣行を十分考慮し、会計と税制の調和を図った上で、会社計算規則に準拠した会計
・計算書類等の作成負担は最小限に留め、中小企業に過重な負担を課さない

(参考②)ローカルベンチマーク(経済産業省ホームページ参照(http://www.meti.go.jp/policy/economy/keiei_innovation/sangyokinyu/locaben/))

企業の経営者と金融機関、支援機関等が同じ目線で経営に関する対話を行うことができるよう作成されたツール。具体的には、**「財務情報」**(6つの指標)と**「非財務情報」**(4つの視点)に関する情報から構成さ

れる。

6つの指標：

①売上高増加率、②営業利益率、③労働生産性、④ EBITDA 有利子負債倍率、⑤営業運転資本回転期間、⑥自己資本比率

4つの視点：

①経営者への着目、②関係者への着目、③事業への着目、④内部管理体制への着目

（参考③）事業価値を高める経営レポート（知的資産経営報告書）（経済産業省ホームページ「知的資産経営ポータル」参照（http://www.meti.go.jp/policy/intellectual_assets/））

自社の強みである知的資産を「見える化」し、企業の内部・外部における経営活動に活かしていくための視点から、自社らしさや事業価値の源泉について再認識するための様式。

活用方法としては、経営者の頭の中にある経営方針や経営戦略、自社の強み・弱みをドキュメント化することで、**企業の価値創造のストーリー**を明確にすることができる。また、外部コミュニケーションツールとして、**各利害関係者への開示により信頼性を高める**ことに繋げることができる。

3 ステップ3 事業承継に向けた経営改善（磨き上げ）

（親族内・従業員承継、社外への引継ぎに共通）

Point!

- 事業承継は、それを契機として、事業成長を図る、経営改善を行う絶好のタイミングです。
- 後継者候補が、承継したいと思うような経営状態に引き上げておくこと、事業の「磨き上げ」が必要です。
- 事業の磨き上げは、損益だけでなく、営業ノウハウなど知的資産もその対象となります。この作業については、士業等の専門家の助言を得るべきでしょう。
- 本業の競争力を強化するためには、「強み」を作り、「弱み」を改善する取組が必要となります。その際、「中小企業等経営強化法」に基づく「経営力向上計画」を策定し実行することも効果的です。
- 事業承継の前に、経営体制の総点検を行うとともに、経営資源のスリム化を行うことも重要です。
- 事業承継は、それを契機として事業再生を行うタイミングでもあります。法的整理や私的整理など再生プロセスを経る場合もあります。

全国各地で開催されている「事業承継セミナー」では、中小企業経営承継円滑化法（事業承継税制）が教えられることがあります。しかし、事業承継税制の適用が効果的である企業は、株価の高いごく一部の会社（法人）に過ぎません。日本の中小企業の大多数は赤字であり、債務超過で経営改善と「磨き上げ」

競争力強化

経営体制整備

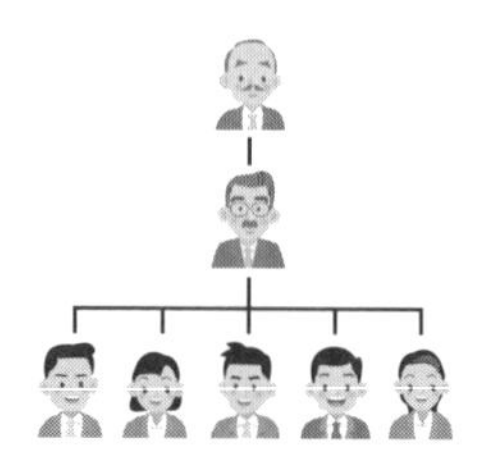

知的資産

事業再生

法的整理

民事再生手続
会社更生手続

私的整理

特定調停
中小企業再生支援協議会
事業再生ADR

す。ほとんどの会社（法人）の株価はゼロなのです。

このような中小企業にとって重要な課題は、企業そのものの存続であり、後継者が引き継ぐと決心することができるかどうかです。例えば、損益は黒字ではあるが、多額の借入金を抱えて財務内容が悪い企業です。このような景気の動向によって倒産するリスクを抱えていますから、後継者は先代経営者が負担していた個人保証を引き継ぐ勇気があるかが問われます。また、倒産するほど悪くはないが、僅かな赤字が続き、その回復が見込めない企業です。事業の将来性そのものが無く、それを経営する意味が無い状況であれば、後継者はその事業を経営したいとは思わないでしょう。

これら業績が悪化した企業の事業承継、これが大きな問題となっています。単体での再建が困難であれば、同業他社との経営統合などによる抜本的な業績改善が必要となるでしょう。それができなければ、再生プロセスを経て、金融機関の支援によって事業の存続を図るしかありません。

ガイドライン

親族内承継においては、相続税対策に重点が置かれすぎるあまり、事業とは無関係な資産の購入や、節税を目的とした持株会社の設立等により株価を意図的に低下させるなど、中小企業の事業継続・発展にそぐわない手法が用いられる場合があるとの指摘がなされている。

しかし、事業承継は、経営者交代を機に飛躍的に事業を発展させる絶好の機会であること、経営者は、次世代にバトンを渡すまで、事業の維持・発展に努め続けなければならないこと等を考慮すると、親族内に後継者がいる場合であっても、現経営者は**経営改善に努め、より良い状態で後継者に事業を引き継ぐ姿勢を持つこと**が望まれる。

近年の親族内承継の大幅な減少の背景には、事業の将来や経営の安定について、親族内の後継者候補が懐疑的になっていることなどが挙げられている。こうしたことからも**承継前に経営改善を行い、後継者候補となる者が後を継ぎたくなるような経営状態まで引き上げておくことや、魅力作り**が大切である。

「磨き上げ」の対象は、業績改善や経費削減にとどまらず、商品やブランドイメージ、優良な顧客、金融機関や株主との良好な関係、優秀な人材、知的財産権や営業上のノウハウ、法令遵守体制などを含み、これらのいわゆる**知的資産が「強み」となる**ことも多い。また、「磨き上げ」は、自ら実施することも可能であるが、対応が多岐にわたるため、効率的に進めるために士業等の専門家や金融機関等の助言を得ることも有益である。

① 本業の競争力強化

本業の競争力を強化するためには**「強み」を作り、「弱み」を改善する**取組が必要となる。例えば、自社のシェアの高い商品・サービス、ニッチ市場における商品・サービス等の拡充、技術力を活かした製品の高精度化・短納期化、人材育成や新規採用等を通じた人的資源の強化などがあげられる。また、取引先やマーケットに偏りが見られる場合は、これを是正し、**事業リスクの分散を図る**ことも大切である。

なお、本業の競争力を強化するためには、**「中小企業等経営強化法」に基づく「経営力向上計画」**を策定・実行することが有効である。「中小企業等経営強化法」は、人材育成、コスト管理等のマネジメントの向上や設備投資など、自社の経営力を向上するための「経営力向上計画」を作成・申請し、国から認定を受けることで支援措置が受けられる制度である。この申請書の「現状認識」において、財務状況の分析ツールである**「ローカルベンチマーク」の活用**が想定されている。

② 経営体制の総点検

事業承継後に後継者が円滑に事業運営を行うことができるよう、事業承継前に**経営体制の総点検**を行う必要がある。例えば、社内の風通しを良くし社員のやる気を向上させる、役職員の職制、職務権限を明確にすると同時に業務権限を段階的に委譲する、各種規定類、マニュアルを整備し、業務が効率良く流れる体制を作るなどガバナンス・内部統制の向上に取り組むことが大切である。

また、事業に必要のない資産や滞留在庫の処分や、余剰負債の返済を行うなど**経営資源のスリム化**に取り組むことも重要である。

③ 経営強化に資する取組

足下の財務状況をタイムリーかつ正確に把握することが**適切な経営判断**に繋がり（財務経営力の強化）、財務情報を経営者自らが利害関係者（金融機関、取引先等）に説明することで、**信用力の獲得**につながる（資金調達力の強化、取引拡大の可能性）。

④ 業績が悪化した中小企業における事業承継

中小企業の財務状態を改善することは、円滑に事業承継を行うために極めて重要である。債務整理等の事業再生を行う必要がある中小企業において、これを放置しておいては、後継者を確保することもままならず、事業承継を行ったとしても、後継者が苦労するであろうことは明らかである。この意味で、事業承継のタイミングは**事業再生を行う契機**であり、事業承継を円滑に行うためにも、早期に事業再生に着手する必要がある。

事業再生が必要な場合、まずは弁護士等の専門家に相談することが重要である。中小企業の個別の事情に応じた適切な再生スキームの選択や金融機関等との交渉方針について専門家の助言を得ることが有益である。

また、個々の具体的な事情によって、金融機関の任意の協力がある場合や、これを望めない場合も当然あり得る。財務状況にもよるが、いわゆる**再生プロセス**を経るべき場合も少なくない。このような場合に中小企業の採り得る事業再生の方法は、裁判所の関与の有無によって二つに大別される。裁判所が関与するものを**法的整理**、関与しないものを**私的整理**と呼ぶ。

それぞれ、代表的な方法は、以下のとおりである。

○法的整理

・民事再生手続き

—民事再生法に基づき、裁判所や監督委員の監督のもと、債務者自身が主体的に手続きに関与し、企業の再建を図るもの。一般の中小企業に適した手続きである。

・会社更生手続き

—会社更生法に基づき、裁判所の監督のもと、裁判所が選任する更生管財人により企業の再建を図るもの。主に大企業に適した手続きである。

○私的整理

法的整理のような手続きのルールはないものの、一般的には、債務者の申出により債務の支払いを一旦停止し、交渉により債務免除等に関する債権者の同意を得ていくもの。**事業譲渡や会社分割、第二会社方式**等の手法が併せてとられることが多い。主な手法は以下のとおり。

・特定調停

—債務者が主体的に関与する中で、裁判所が債権者、債務者その他の利害関係人との債務の調整を仲介し、企業の再生を図るもの。小規模な中小企業にとって使いやすい手続きである。

・中小企業再生支援協議会

―各都道府県に設置された中小企業再生支援協議会が公正中立な第三者としての立場から、中小企業の事業面、財務面の詳細な調査分析を実施し、かつ当該企業が窮境に陥った原因の分析等を行ったうえで、債務者が同協議会の支援を受けて策定した**再生計画案を金融機関に提示**し、調整を行うもの。

・事業再生ＡＤＲ

―企業の早期事業再生を支援するため、中立な立場の専門家が、金融機関等の債権者と債務者との間の調整を実施するもの。その際、双方の税負担を軽減し、債務者に対するつなぎ融資の円滑化等を図る。

いずれの方法をとる場合であっても、適切な債務整理手続きを選択し、円滑に手続きを実行するため、早めに弁護士等の専門家や金融機関などに相談することが不可欠である。

【事例 3】本業の競争力強化による事業承継の成功事例
（新規事業開発を通じた業容拡大により、後継者が戻ってきたケース）

電化製品の小売業を営んでいた中小同族会社の社長Ａ（70 歳）には、後継者候補として大都市圏の大学を卒業し、そのまま同地の同業者に就職した子Ｂがいた。Ｂは自社の将来性を悲観しており、現在の勤務先を退職して地元に帰るのではなく、そのまま大都市圏に住み続けることを決めていた。

そろそろ事業承継の話をすべき時期だと感じたＡがＢに承継を打診したところ、会社を継ぐ意志のなかったＢからあっさり断られてしまった。事業の存続をあきらめきれなかったＡは、一念発起して後継者が継ぎたくなるような会社にしようと**自社の磨き上げ**に着手した。

これまでは電化製品の小売のみで事業収益性が低かったことから、大型製品の販売から据付工事まで一貫した対応を開始したところ、引き合いが増加。丁寧なアフターフォローが評判となり、今ではこれまでの数倍の売上高や従業員数を誇るまでに至った。

帰省した際に自社の変貌ぶりに驚いたBは、自分が関与することにより事業拡大の可能性が高いことを実感した。こうした経緯からBは地元に帰ってくることを選択し、今では二代目経営者として自社の事業拡大に尽力している。

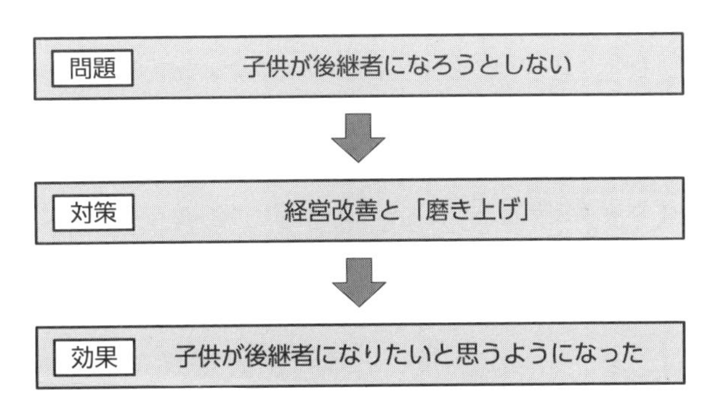

【事例4】事業再生を経た事業承継の成功事例

(財務リストラ等の計画を立案した結果、後継者が承継を決断したケース)

機械部品の加工を営む中小同族会社の社長A(77歳)には、後継者候補として自社工場の生産責任者として働く子Bがいた。

当社の業績は、東日本大震災や円高に伴う取引先の海外生産シフトを主因に**低迷**しており、収支についてはコストダウンや生産工程の改善等により回復傾向にあったものの、一時期増加した**借入金**の返済が進んでいないため、特に**財務面について改善が必要な状況**に陥っていた。

このような状況下、AはBに対して社長交代を打診したものの、工場内の生産現場をあまり離れることがなく、自社の経営実態を表面的にしか知らないBの了解を得ることが出来なかった。

自分の子であるBに会社を継いで欲しいAは、自社の抜本的**事業再生**への取組みを開始することを決断。一層のコストダウンに取り組んで**黒字化**に目処をつけるとともに、**借入金の大幅圧縮**にも着手した。

経営改善に取り組む父親の必死な姿を目にしたBは、経営を引き継ぐことを決意し、会社経営全般に関する知識の習得にも着手。今では経営者親子が協力し、更なる会社の磨き上げに取り組んでいる。

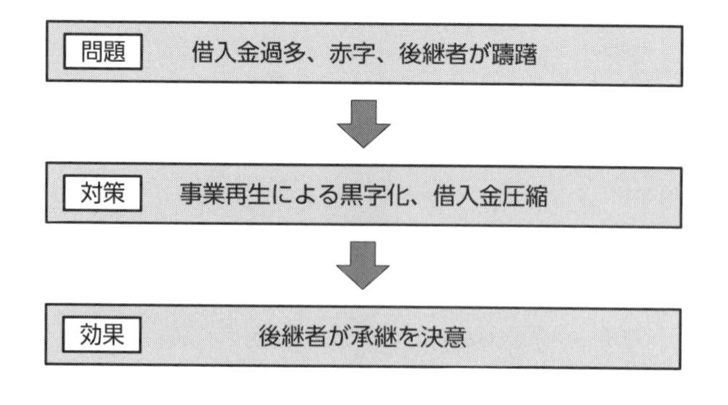

4 ステップ 4-1
事業承継計画の策定時
（親族内・従業員承継の場合）

Point!

◆経営者は事業承継計画を立案しなければなりません。すなわち、いつ、どのように、何を、誰に承継するのかについて、具体的な計画を作るのです。

◆事業承継計画は、現経営者が後継者と共同で作成し、関係者と共有しておくことが望ましいでしょう。

◆現経営者は、事業承継計画を考える前に、過去から現在までを振り返りながら、経営理念を再確認する必要があります。

◆現経営者は中長期的な戦略と目標を設定しなければなりません。その目標を実現する期間の中において事業承継の計画を織り込みます。

事業承継計画書 （作成日　　　　）

1. 事業承継の概要

現経営者	（　　歳）
後継者	（　　歳）続柄
承継方法	
承継時期	

2. 経営理念、事業の中長期目標

経営理念				
事業の方向性（経営ビジョン）				
将来の数値目標		【現状】	【5年後】	【10年後】
	売上高	⇒	⇒	
	経常利益	⇒	⇒	

3. 事業承継を円滑に行うための対策・実施時期

(1) 関係者の理解

(2) 後継者教育

(3) 株式・財産の分配

(4) その他

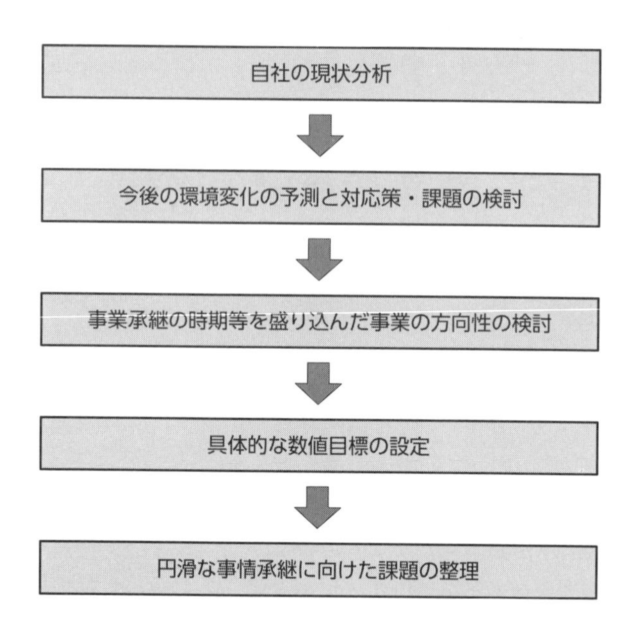

事業承継で重要なことは、企業という「儲かるビジネス・商売の仕組み（ビジネスモデル）」を存続させることです。これまで、先代経営者が創り上げてきたその仕組みがどのようなものか、一度立ち止まって分析してみましょう。ハードの経営資源だけではなく、ソフトの経営資源（知的資産、経営理念など）も重要なものであったはずです。

しかし、そのようなビジネスモデルが成功したのは、これまでの経営環境に適合していたからです。環境が変化してしまえば、これまで通用したビジネスモデルは通用しなくなり、企業は儲からなくなるでしょう。そうであれば、ビジネスモデルの変更など、今後の方向性を変えていかなければなりません。

その上で、中長期の事業計画を立案し、それを実現するためのアクションプラン（具体的な営業活動）を考えます。

これら一連の作業は、先代経営者から後継者への二世代にわたる事業承継計画となります。過去の経緯を知らなければ、将来の方向性も決められませんから、先代経営者と後継者は二人でじっくり話し合って事業承継計画を立案しなければならないのです。

ガイドライン

(1) 事業承継計画策定の重要性

前記ステップ2、ステップ3記載のとおり、まずは自社を知り、そして自社を強くすることが、事業承継の準備においては重要である。

一方、具体的に事業承継（資産の承継・経営権の承継）を進めていくにあたっては、自社や自社を取り巻く状況を整理した上で、会社の10年後を見据え、**いつ、どのように、何を、誰に承継するのかについて、具体的な計画を立案しなければならない**。この計画が、**事業承継計画**である（状況に応じて、見える化や磨き上げから事業計画、事業承継の実行までを含んだ事業承継計画を策定する場合も想定される。）。

事業承継計画は、後継者や親族と共同で、取引先や従業員、取引金融機関等との関係を念頭に置いて策定し、策定後は、これらの**関係者と共有しておく**ことが望ましい。こうすることで、関係者の協力も得られやすく、関係者との信頼関係維持にも資するものである。さらに、後継者や従業員が事業承継に向けて必要なノウハウの習得や組織体制の整備などの準備を行うことができるなど、様々な利点がある。

なお、事業承継計画の策定にあたっては、成果物としての計画書を作成することを目標にすべきではなく、策定プロセスやその活用による経営者自身とその関係者にとってのメリットを最大化してこそ、意味があるものである。

(2) 事業承継計画策定の前に

事業承継計画は、上記のとおり、資産や経営権をどのように承継するかを基本とするものである。しかし、事業承継の根幹のひとつとして、**自社の経営理念を承継すること**の重要性を忘れてはならない。いわゆる老舗企業において、時代が変わっても受け継いでいく想いを大切にしている例が多いことからも、資産や経営権のみならず、会社の理念や経営者の想いの伝承の重要さが示されている。

その意味でも、事業承継計画の策定に先立ち、**経営者が過去から現在までを振り返りながら、経営に対する想い、価値観、信条を再確認する**プロセスは、事業承継の本質といえる。可能であれば明文化し、後継者や従業員と共有しておけば、事業承継後もブレることのない強さを維持できるだろう。

なお、事業承継「計画」を策定するというイメージから、現在から将来に向っての計画のみを考えるものと認識されがちである。しかし、経営理念の承継の重要性を踏まえると、そもそも創業者は「なぜその時期に」「なぜその場所で」「なぜその事業を」始めたのか、その時の事業状況・外部環境がどうであったのか、その後の変遷の中で転機となることがらが生じた状況がどうであったか、といった**振り返りから始める**ことが有効である。

(3) 事業承継計画の策定

① 中長期目標の設定

自社の現状とリスク等の把握を経て、これらを基に中長期的な方向性・目標を設定する。

例えば、10年後に向けて現在の事業を維持していくのか、拡大していくのか。現在の事業領域にとどまるのか、新事業に挑戦するのか、といったイメージを描くことが必要である。この方向性に基づいて組織体制のあり方や、必要な設備投資計画等を検討し、さらに、売上や利益、マーケットシェアといった具体的な指標に落とし込む。

この過程においては、中長期目標において想定している期間の中で、いつ事業承継を実行するのかを織り込む必要がある。当然、事業承継後に目標達成にコミットするのは後継者であるから、後継者とともに目標設定を行うことが望ましい。その際、事業承継後（ポスト承継）に後継者が行う取組についても中長期目標に織り込むことができれば、**事業承継を契機とした再成長**も期待できる。

② 事業承継計画の策定

設定した中長期目標を踏まえ、資産・経営の承継の時期を盛り込んだ事業承継計画を策定する。具体的な策定プロセスの概要は以下のとおりであるが、成果物としての事業承継計画書の作成自体を目的とするのではなく、策定プロセスにおいて**現経営者と後継者、従業員等の関係者間で意識の共有化**を図ることに重きをおくことが重要である。

また、ステップ２**（経営状況・経営課題等の把握（見える化））**を十分に実施することが、実効的な事業承継計画の策定の前提となることに留意すべきである。

なお、具体的な事業承継計画のイメージについては、末尾に収録したひな形・記入例を参照されたい。

ア）自社の現状分析

ステップ２（経営状況・経営課題等の把握（見える化））を通じて把握した自社の現状をもとに、次世代に向けた改善点や方向性を整理する。

イ）今後の環境変化の予測と対応策・課題の検討

事業承継後の持続的な成長のためには、**変化する環境**を的確に把握し、今後の変化を予測して適切な対応策を整理することが望ましい。

ウ）事業承継の時期等を盛り込んだ事業の方向性の検討

自社の現状分析、環境変化の予測を踏まえ、現在の事業を継続していくのか、あるいは事業の転換を図っていくのか等、**事業領域の明確化**を行う。さらに、それを実現するためのプロセスについても具体的なイメージを固めていく。その中には、前述のとおり**事業承継の時期や方法**を盛り込む。

エ）具体的な目標の設定

前述の中長期目標の内容について、**売上や利益、マーケットシェア**といった具体的な指標ごとの目標を設定する。

オ）円滑な事業承継に向けた課題の整理

以上の分析・整理を踏まえ、後継者を中心とした経営体制へ移行する際の具体的課題を整理する。ここでは、第３章以下で詳述する課題・対応策を参考に、**考え得る必要なアクション**（例えば、専門家への相談や、資金調達）についても盛り込んでおくと、より実効的な計画策定が期待できる。

5　ステップ 4-2 M&A等のマッチング実施（社外への引継ぎの場合）

Point!

◆M&A等の手続きを自力で行うことは困難であるため、専門家に手続きを依頼する必要があります。事業引継ぎ支援センターも選択肢の一つとなります。

◆M&A等を行う前に、どのような条件で事業承継を望むのか明確化しておきましょう。その条件に合った相手先を見つけることが必要です。

ガイドライン

後継者不在等のため、親族や従業員以外の第三者に事業引継ぎを行う場合、売り手はステップ1～3の行程を経た後、**買い手とのマッチング**に移行する。以下では、M&Aの実行に向けた事前準備に簡単に触れるが、手続きの詳細については、平成27年4月に公表された「事業引継ぎガイドライン」を参照されたい。

① M&A仲介機関の選定

M&Aを選択する場合、自力で一連の作業を行うことが困難である場合が多いため、専門的なノウハウを有する仲介機関に相談を行う必要がある。仲介機関の候補としては、公的機関である**事業引継ぎ支援センター**を活用することが考えられる。また、M&A専門業者や取引金融機関、士業等専門家等も存在しており、選定にあたっては、日頃の付き合いやセミナー等への参加を通じて、信頼できる仲介機関を探し出すことが重要である。

なお、個人事業主については、**事業引継ぎ支援センター**において、起業家とのマッチングを支援する「後継者人材バンク」事業を実施している。

② 売却条件の検討

M&Aを行うにあたっては、「どのような形での承継を望むのか」について、経営者自身の考えを明確にしておく必要がある。例えば、「会社全体をそのまま引き継いでもらいたい」、「一部の事業だけ残したい」、「従業員の雇用・処遇を現状のまま維持したい」、「社名を残したい」等が考えられる。

仲介機関に事前に売却条件を伝えた上で、**条件に合った相手先を見つける**ことが最善の方法である。

6 ステップ5 事業承継の実行

Point!

◆事業承継の実行段階に入りましたら、必要に応じて計画を修正・ブラッシュアップしていきましょう。

◆事業承継の実行には、税金の負担や法的手続きが必要となります。弁護士や公認会計士など専門家の協力を仰ぎましょう。

ガイドライン

ステップ1〜4を踏まえ、把握された課題を解消しつつ、事業承継計画やM&A手続き等に沿って資産の移転や経営権の移譲を実行していく。実行段階においては、状況の変化等を踏まえて随時**事業承継計画を修正・ブラッシュアップ**する意識も必要である。なお、この時点で**税負担や法的な手続き**が必要となる場合が多いため、弁護士、税理士、公認会計士等の専門家の協力を仰ぎながら実行することが望ましい。

③ ポスト事業承継（成長・発展）

1 | 事業承継を契機とした新たな取組

Point !

- ◆経営環境の変化に応じて、後継者は事業の見直しを行い、新たな成長ステージを目指しましょう。
- ◆既存事業を活かしつつ、新分野へ進出するケースもあります。
- ◆事業承継の前の中長期目標を策定する際に、今後の方向性をイメージしておきましょう。

先代経営者が育ててきた事業は、過去の経営環境のもので成り立つものでした。しかし、事業にはライフサイクルがあります。成熟期を迎え、成長が止まるときが必ず来ます。また、経営環境の変化も激しく、これまでの事業が成り立たなくなる時期は予想外に早く到来します。

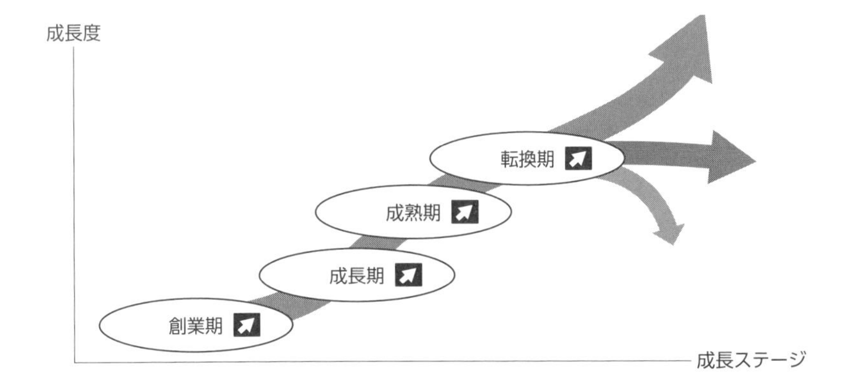

そのような経営環境の変化を捉え、事業内容を転換する絶好の契機となるのが事業承継のタイミングです。後継者はこれからの経営環境を見通し、それに適合するような新たな事業を作り出さなければなりません。事業内容の見直しは企業の存続のために不可欠な取組なのです。

ガイドライン

昨今の社会経済が大きく変化する状況下においては、先代が営んできた事業をそのままの形で承継することにこだわることは必ずしも正しい承継方法ではない。

事業承継実行後（経営交代実行後）には、後継者が新たな視点をもって従来の**事業の見直し**を行い、中小企業が新たな成長ステージに入ることが期待される。

例えば、事業承継を機に、先代経営者が行ってきた既存の事業を活かしつつ、自社の知的資産や事業環境を踏まえて、**新分野**（例：青果店→新鮮な果物の仕入ルートを活かしたカフェを併設）など、新しい形での承継の姿も見られるようになってきている。

これらの取組を実効的に行うためには、事業承継前に中長期目標を策定する過程で、事業承継後の取組についてもイメージを持っておくべきである。

2 | 経営者の年齢と経営の特徴

Point!

- 事業承継を行った中小企業は、事業承継を行っていない中小企業よりも収益性が高いという報告があります。
- 投資意欲、成長意欲は若い経営者のほうが強いという報告があります。
- 中小企業の事業活動の活性化のために、早期の事業承継を進めていくことが必要です。

ガイドライン

中小企業庁の実施した調査によると、経営者年齢が上がるほど、投資意欲は低下し、リスク回避性向が高まることが明らかとなった（図表15、16）。また前述のとおり、**経営者の交代があった中小企業におい**

て、交代のなかった中小企業よりも経常利益率が高いとの報告もある(図表13)。

これらのことから、中小企業において早期に事業承継を実現することは、中小企業の事業活動の活性化に寄与するものと考えられる。従って、地域経済の活力維持・向上のためにも、事業承継に向けた早期の取組を推進していく必要がある。

図表15：経営者の年代別に見た成長への意識 (㈱帝国データバンク「中小企業の成長と投資行動に関するアンケート調査」(2015年12月))

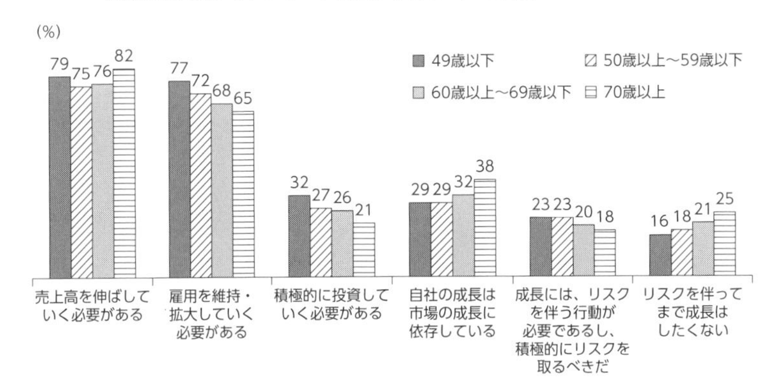

図表16：経営者の年代別に見た今後3年間の投資意欲 (㈱帝国データバンク「中小企業の成長と投資行動に関するアンケート調査」(2015年12月))

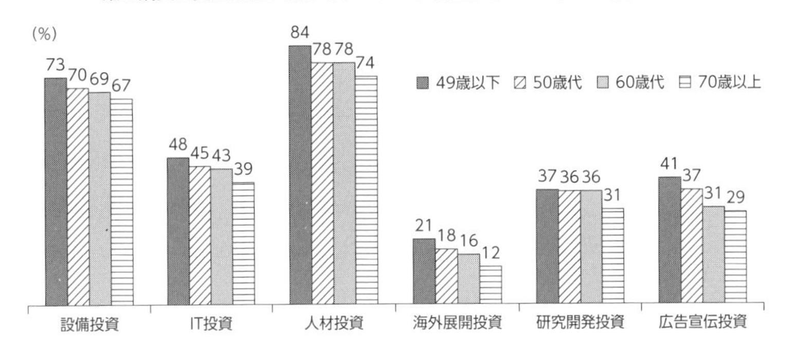

3 事業承継を契機として事業の再編を図る場合

Point!

◆M＆Aによる事業承継を行った結果、統合相手の事業とのシナジー効果（相乗効果）が生じることがあります。

◆２以上の事業が統合することで、経営の効率化が実現され、収益性が改善することがあります。

M＆A等によって事業が同業他社に引き継がれますと、他社の事業と統合されることになります。その効果は、「1 ＋ 1 ＝ 2」という単純な足し算ではなく、「1 ＋ 1 ＝ 2 以上→ 3」というように、新たな価値を創造することです。これをシナジー効果と呼びます。

事業が統合されることで、経理・総務など間接部門の経費削減、それぞれの営業部門がそれぞれの製品・サービスを相互に販売できるようになる、取扱い規模が拡大して取引条件が改善されるなどの効果が生じます。これがシナジー効果です。

ガイドライン

前述のとおり、事業承継は中小企業の成長・発展の契機である。親族内の後継者が承継した場合に、後継者が新しい視点から**新しい取組に挑戦**することもあれば、M&Aによる事業承継を行った場合に、**統合先の会社の事業とのシナジー**が発揮されることもある。

さらに近年は、事業承継を契機として**2以上の会社が統合**し、経営資源の集中や管理機能の集約、マーケットの集約を通じた競争力の強化等を行うことで**経営の効率化**を図り、**さらに強い会社として生まれ変わる**事例も報告されている（図表17）。

図表17：事業承継を契機とした統合による効率化の例

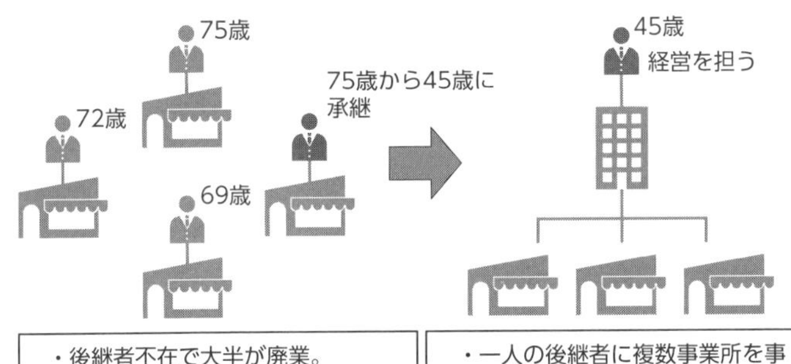

・後継者不在で大半が廃業。 ・経営資源が散逸。	・一人の後継者に複数事業所を事実上承継し、経営効率化

このような形の事業承継に際しては、存続する会社において統合後の商圏等の確認や統合後の事業計画の検証、顧客との関係等の知的資産を確実に承継すること等の準備を入念に行うことが不可欠である。このような取組なくして、**事業再編後の更なる成長**は期待できない。

実現に向けては多くの課題を整理する必要があるため、**事業再編の計画策定**にあたっては中小企業診断士、**再編スキームの設計**については弁護士・税理士・公認会計士等の専門家を活用することが有益である。

いずれにしても、**事業承継を契機とした事業再編といった先進的な取組は、事業承継の円滑化と中小企業の発展の両面から、更なる拡大が望まれる。**

廃業を検討する場合

1 廃業という選択肢について

Point!

◆事業の継続性に不安がある場合、経営状況・経営課題等の把握（見える化）と事業の磨き上げを行わなければなりません。事業再生手続が必要なケースもあるでしょう。

◆やむを得ず廃業を決断する場合は、債務超過で倒産するのではなく、ある程度余力があるうちに計画的に廃業するようにしましょう。

廃業を決断することになったとしても、残された経営資源に価値があることがありますから、それを有効活用しなければなりません。残された経営資源を第三者に譲渡することも可能です。

ガイドライン

事業の継続性に不安がある場合にも、**見える化・磨き上げや事業再生手続き**の活用等により、事業承継が可能となる場合もある。特に、従業員・取引先との関係で事業継続が望まれるケースもあり、本ガイドラインの該当箇所を参考に具体的な検討を行い、事業継続の可能性を探ることが望ましい。

また、支援機関においても、中小企業経営者から廃業の相談を受けたからといってすぐに廃業手続きを進めるのではなく、まずは経営者とともにステップ２**（経営状況・経営課題等の把握（見える化））**から順に検討すべきである。

しかしながら、やむを得ず事業承継を断念することとなった場合には、円滑な廃業（積極的に廃業することを促すものではなく、廃業を決断した経営者が、債務超過に追い込まれて倒産することがないよう、**ある程度経営余力のあるうちに、計画的に事業を終了する**こと）に向けた準備を行っておくことが望ましい。

2 | 廃業時に生じ得る諸問題

Point!

◆廃業する場合、取引先との関係をいかに清算するかが問題となります。

ガイドライン

中小企業庁の実施したアンケート調査によると、中小企業経営者が廃業時に直面した課題としては、**「取引先との関係の清算」**（40.7%）や「事業資産の売却」（21.3%）が上位に挙げられた（図表18）。

図表18：**廃業時に直面した課題**（㈱帝国データバンク「中小企業者・小規模事業者の廃業に関するアンケート調査」（2013年12月）（注）複数回答であるため、合計は必ずしも100にはならない。）

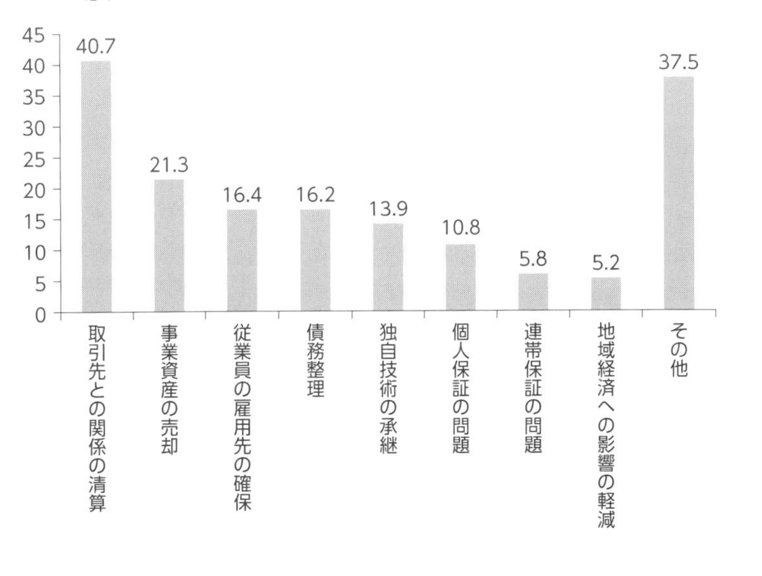

3 | 円滑な廃業に向けた事前準備

Point!

◆廃業を決断した場合、早い段階で財務状況を把握しましょう。そのうえで、早期の債務整理、廃業資金の確保を行います。また、取引先、金融機関、従業員に対して説明しなければなりません。

ガイドライン

廃業にあたっては、上記のとおり多くの問題への対応が必要である。よって、廃業を決断した場合には、円滑な廃業を実現するためにも、以下の取組を**計画的に実施**する必要がある。

- ・財務状況の把握
- ・早期の債務整理（借入金の返済、債務整理手続きの活用等）
- ・廃業資金の確保
- ・取引先、金融機関、従業員への説明

4 廃業や廃業後の生活をサポートする仕組み

Point!

◆廃業後の生活資金を確保するために、小規模企業共済に加入しておくことをお勧めします。

◆廃業コストを賄うため、民間金融機関から事業整理ローンによって資金調達することも可能です。

◆廃業する際には、各都道府県にある「よろず支援拠点」に相談しましょう。

小規模企業共済制度

小規模企業共済制度は
退職後のゆとりある生活を
応援する安心の共済制度です。

全国で約120万人
の経営者が加入

掛金は全額所得控除

無理のない掛金
月額1,000円～70,000円

中小企業と地域振興を
もっとサポート
中小機構

ガイドライン

① 小規模企業共済制度（退職金制度）

廃業した中小企業経営者へのアンケート調査によると、廃業後に生活が苦しくなったと回答した者が一定数存在する。そのため、**「廃業後の生活資金の確保」**についても、適切な対応が必要である。

この課題に対しては、小規模企業経営者向けの退職金制度である「小規模企業共済制度」がある。同制度は、小規模企業において、廃業や共同経営者の退任、会社等の解散等の場合において、**経営者が第一線を退いたときの生活資金をあらかじめ準備しておくための共済制度**である。

独立行政法人中小企業基盤整備機構が運営しており、同制度に加入後6ヵ月以上経過し、加入者に上記のような事態が生じた場合に、掛金の額と納付月数に応じて、共済金が支払われる。

② 廃業コスト負担への対応

設備を廃棄する等のコストも、企業にとって大きな負担である。廃業コストに対しては、一部の民間金融機関で**事業整理支援ローン**を取り扱っているところもある。当該事業整理支援ローンは、先行き不透明な経営環境下で今後の事業展望が描きづらく、業績不振からの脱却が困難であると判断せざるを得ない企業や、後継者不在等で事業承継対策ができない企業に対し、廃業に至るまでの事業資金を融資するものである。

③ 廃業にかかる相談窓口

廃業を含む、様々な経営課題に関する相談に対応するワンストップ相談窓口として、中小企業庁が各都道府県に**「よろず支援拠点」**を設置している。事業承継のサポート機関に対し、早めに相談を行うことが重要である。

【事例 5】円滑な廃業の成功事例
（創業者の決断により、債務整理を行ったうえで廃業したケース）

食品製造業を営む中小同族会社の創業者である社長Ａ（78 歳）は、

後継者候補が身内にいないため会社を存続させる対策について悩んでおり、商工会議所経由で事業引継ぎ支援センターに相談を持ちかけた。

当社は、長期間赤字が続いていたため金融機関からの新規借入れが困難であり、Aの個人資産を取り崩して運転資金に充当するなど、資金繰りが苦しい状態であった。また、顧問税理士からは以前より廃業を進められていたが、自分が設立した会社を何とか残したいとするAの強い意志により、事業をこれまで継続してきた。

このような状態の会社から相談を受付けたセンターでは、財務内容をまずチェックしたところ**大幅債務超過**であり、収支についても**黒字化の目処が立たない**ことが判明。加えて建物や製造設備の老朽化が激しく、事業を継続するためには工場の立て直しが必要であることがわかった。

親族に加えて従業員の中にも**後継者候補がいない**ことを確認した上で、M&Aによる引継ぎ先の確保が困難であることを、Aに対して丁寧に説明。Aも廃業することが最善の選択肢である事を理解した。

廃業を決断したAは商工会議所の支援を受け、弁護士に相談。従業員を全員解雇した上で、個人資産の処分による金融機関借入れの返済等の債務整理に着手。最終的には、**従業員や取引先などに迷惑をかけることなく**、自分が設立した会社の整理、廃業を行うことが出来た。

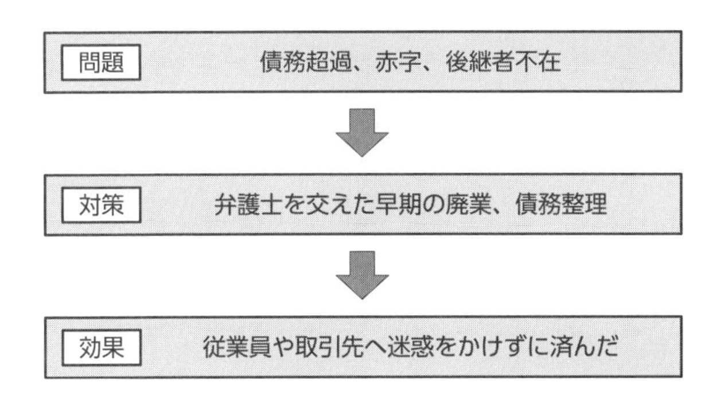

第３章

事業承継の類型ごとの課題と対応策

① 親族内承継における課題と対応策

親族内承継を他の類型と比較しますと、税負担への対応や株式・事業用資産の分散防止、債務の承継への対応に関して、特に大きな課題が発生しやすいという特徴があります。

1｜人（経営）の承継

Point!

- ◆後継者を選定する際には、後継者との対話を通じて現経営者の想いや理念を伝え、事業についての認識の共有を図る必要があります。
- ◆中小企業経営者は事業運営だけでなく経営管理まで幅広い知見が必要です。後継者教育には、ローテーションなどの社内教育とともに、他社勤務などの社外教育にも取り組むべきでしょう。
- ◆後継者の決定は、親族内では株式という財産を誰が承継するのかを決めることですから、家族・親族会議を開いて対話を重ね、親族の同意を得ることが重要です。
- ◆後継者の決定は、従業員や取引先・金融機関の関心事でもあります。早めに事業承継計画を説明しておくべきでしょう。
- ◆事業承継を実行するためには、社長の交代によって経営権を承継するとともに、株式の移転によって所有権を承継することが必要となります。

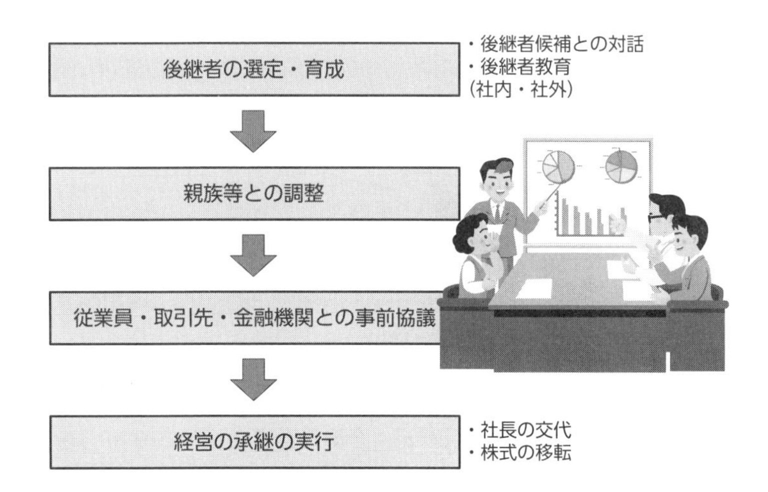

親族内から後継者を選ぶことは、通常、複数の子供の中から経営者として育成する人を一人選ぶということです。経営者に向いている人もいれば、そうではない研究者タイプの人もいるでしょう。女性であっても、経営者として活躍できる素養を持つ人はいるはずです。最低でも５年はかけて社内及び社外で幅広い職務経験を積ませて経営人材に育て上げなければなりません。

また、親族の中では後継者になれなかった子供がいるわけですから、その人達への代償も考えなければなりません。

ときどき、複数の子供を会社に入社させ、仲良く会社を経営させようとされる経営者がいらっしゃいます。兄弟で会社経営しますと、たいていの場合、支配権争いが生じてしまうため、可能なかぎり親族で共同経営することは止めたほうがいいでしょう。

ガイドライン

① 後継者の選定・育成

後継者の選定は事業承継に向けた第一歩であり、事業承継の成否を決する重要な取組である。しかし、経営者が胸の内で後継者候補の見当をつけておけばよいというものではない。事業承継について**後継者候補の同意**を得た上で、必要な育成を行いつつ、**親族や従業員、取引先等の関係者との対話**を進める必要がある。

ア）後継者候補との対話

事業を承継するということは、後継者の人生に大きな影響を与える難しい決断である。後継者に、事業を受け継ぐ者としての自覚を持たせ、事業承継に向けて経営者と二人三脚で準備を進めてもらう必要がある。そのためにも、早い段階から**後継者との対話**を重ね、事業の実態とともに、**現経営者の想いや経営理念を共有していく**プロセスが重要である。「以心伝心」や「阿吽の呼吸」と言えば聞こえはいいものの、何よりも**「現経営者と後継者の対話」**、これを通じた**「事業についての認識の共有」**を重ねていくことが重要である。

イ）後継者教育

中小企業の経営者には、**事業運営**に関する現場の知見はもちろん、営業、財務、労務等の**経営管理**に関する幅広い知見も必要である。このような能力を短期間で習得することは不可能であるから、後継者教育には十分な期間を準備し、必要な経験を積ませる必要がある。育成方法としては、大別して社内教育と社外教育が挙げられる（図表 19 参照）。

ⅰ 社内教育

社内での教育には、**現場に関する知見**や**会社特有の運営方法**を学ぶことができ、また他の従業員等との信頼関係や一体感を築くことができるなどのメリットがある。また、現経営者の目の届く場所で、経営理念を含めて経営者としての振る舞いや働き方を直接受け継ぐことが

図表 19：**後継者の育成方法について重視すること**（日本政策金融公庫総合研究所「日本公庫総研レポート　中小企業の事業承継」（2010 年））

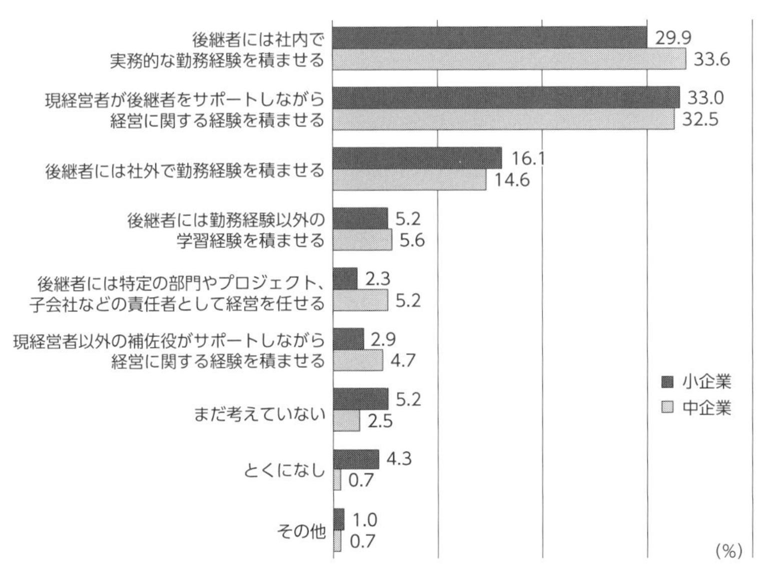

できる点も重要である。

具体的には、営業や製造の現場、総務、財務、労務といった各分野を一通り経験できるような**ローテーションを組む**ことが考えられる。併せて、経営企画といった**経営の中枢を担ってもらう**ことで、事業全体に対する理解を促しつつ重要な意思決定やリーダーシップを発揮する機会を与え、**経営者としての自覚を育てる**ことも検討すべきである。

ⅱ　社外教育

社外での教育には、**他社での勤務経験を積む**ことと、**セミナー等で体系的な教育を受ける**ことの二つの方法がある。取引先や同業種等の他社で勤務させることで、経営手法や技術、会社のあり方について多様な経験を積むことができ、また外から自社を客観的に見る視点を持つことができる。また、商工会・商工会議所や金融機関等が主催する「後継者塾」や「経営革新塾」等へ参加させること、中小企業大学校や大学等の教育機関で学ぶことも、経営に関する広範かつ体系的な知識を得ることが期待できる。

多様なツールを最大限活用し、後継者の資質や個性、中小企業の実情に適した育成方法を選択することが望ましい。

② 親族等との調整

後継者を誰にするかという問題は、経営者個人が誰に事業を承継するかという問題にとどまらず、子や配偶者をはじめとする親族にとっても強い関心事である。これは、株式が親族内で分散していれば、**株主たる親族**としての関心であり、経営者の推定相続人にとっては、**自身が将来的にどのような財産を相続するか**という関心でもある。また、事業承継後に親族等の協力を得ることは、後継者による円滑な事業運営にとっても不可欠な要素である。

そこで、経営者のリーダーシップのもと、早期に**家族会議・親族会議**を開催し、**親族との対話**を図るなどして、経営者の事業承継に向けた想いを伝え、**親族の同意を得ておくこと**が極めて重要である。

③ 従業員・取引先・金融機関との事前協議

日常的に経営者と接し、当該中小企業においてその生活の糧を得ている**従業員**や、中小企業と取引を行っている**取引先・金融機関**にとって、誰が後継者であり、どのような計画で事業承継が行われるかを知ることは、言うまでもなく重要である。

従業員にとってみれば、後継者候補の存在を知らなければ会社の将来性に対する不安が募り、士気にも関わる。後継者との信頼関係を構築するためにも、早期に**後継者候補や事業承継計画を周知しておく**べきである。

また、取引先や金融機関に対して、事業承継の話題を持ち出すこと自体が信用問題につながると考え、避けてしまう経営者も存在すると言われている。取引先や金融機関にとって、経営者が高齢であるのに事業承継の計画が明示されないよりは、後継者候補の紹介を受け、**事業承継に向けた計画を明示**されたほうが、将来にわたって取引関係を継続していく上でも有益であることは明らかである。仮に事業承継にあたっての課題があるのであれば、金融機関が提供する事業承継サービスの利用を検討することも、有用な選択肢であると思われる。

そこで、自社の後継者候補や事業承継計画について理解・協力を得られるよう、**早期に説明を行う**べきである。

④　経営の承継の実行

後継者の確保・育成や関係者との調整を経て、実際に事業を後継者に承継する段階を迎える。

会社形態であれば、**代表取締役の交代**による経営権の承継と、**株式の移転**による所有権（議決権）の承継を行うこととなる。経営権については、現経営者が代表取締役を辞任し、後継者が代表取締役に就任するための会社法上の手続きを踏まなければならない。この際、取締役会設置会社においては取締役会決議が、取締役会非設置会社においては定款の定めに従った手続きが必要となる。株式については、**贈与等**の方法によって株主たる地位を後継者に承継し、会社の株主名簿の書き換えや、贈与であれば贈与税の申告等の手続きが必要となる。

個人事業主の場合には、ある事業の代表者を示す客観的な概念が存在しないため、一般的には現経営者が税務署に対して「廃業届」を提出し(この届に、後継者の名称を記載することができる)、後継者は「開業届」を提出することとなる。

いずれの形態であっても、これらの手続きを法律面・税務面からも円滑に実行するため、弁護士・司法書士や税理士等の専門家への相談・依頼を行うことが有用である。

【事例6】後継者教育の実践による事業承継の成功事例

(営業に注力してきた後継者が、内部管理等のスキルアップに努めたケース)

中小同族会社の創業者である社長Ａ（71歳）は、後継者である子Ｂ

に社長職を譲ったうえで引退することを考えていたが、Bの**経営者としての知識や経験が十分ではない**と常々感じていた。

70歳を超えたことを機に本格的に事業承継に取り組むことを決意したAは、Bに経営者としての経験を積ませるため、自社の経営課題と解決策について取りまとめるように指示した。これまで営業責任者として営業のみに邁進してきたこともあって独力では対応できないと感じたBは、（事業引継ぎ支援センターへの相談を通じて）公認会計士に支援を依頼し、**課題抽出と対応策の立案**に着手した。

公認会計士による調査の結果、営業面については青年会議所等で活躍してきたBの人脈活用や営業力により、同業他社と比較しても優秀であることが判明。一方、内部管理面については旧態依然たる状況で、**大幅な改善が必要**であることが分かった。

特に経理財務および人事労務に関して改善が必要であったため、公認会計士および社会保険労務士の指導を受けながらBが責任者として対応することを決定。**自社の課題解決を進める**と同時に、Bは決算書の読み方や財務分析に関するスキルアップ、労務関連規程の整備や労務管理手法の習得に努め、社内を掌握出来るまでに成長した。

このような活動を通じた社内体制整備の進展を実感したAは、経営者としてのBの成長を認め社長交代を決意。現在ではBが社長に就任し、会社の更なる成長に向けた取組を行っている。

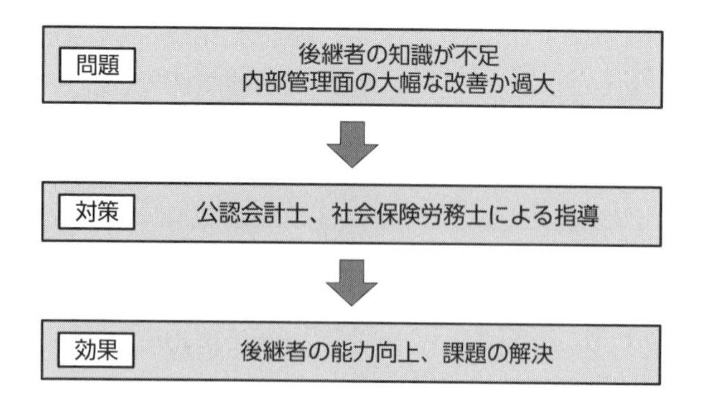

2 | 財産の承継－税負担への対応

Point!

◆先代経営者から後継者へ、株式や事業用資産を、贈与・相続によって移転しなければなりませんが、その際の税負担が問題となります。

◆贈与には、暦年課税贈与、相続時精算課税贈与があります。

◆非上場株式については、相続税・贈与税の納税猶予・免除制度（事業承継税制）を活用することによって、税負担を大きく軽減することができます。

◆事業用資産のうち土地等（特定事業用宅地等）については、小規模宅地等の特例を適用することによって、相続税負担を大きく軽減することができます。

◆同族会社の事業承継の際、経営者個人が所有する土地を同族会社に貸しているとすれば、その土地についても小規模宅地等の特例を適用することができます。

◆会社の死亡退職金や小規模企業共済の給付金には、非課税限度額があるため、相続税負担を軽減することができます。

過去の内部留保が厚く純資産が大きい会社、所有する不動産や有価証券などに多額の含み益がある会社は、自社株式の相続税評価がとても高くなります。そのため、後継者へ株式を移転する際に支払う贈与税や相続税が重くなり、多額の税金の支払いが問題となります。そこで、中小企業経営承継円滑化法は、贈与税の100%、相続税の約80%の負担を軽減することによって、中小企業の事業承継を後押ししています。

個人事業主の事業承継では、事業用資産を後継者に移転しなければなりませんが、事業用資産の中で最も大きなものが土地です。土地に含み益がある場合には、贈与税や相続税が重くなり、多額の税金の支払いが問題となります。これについては、小規模宅地等の特例を適用することによって、400m^{2}まで80%の評価が引下げられることとなり、個人事業主の事業承継が後押しされています。

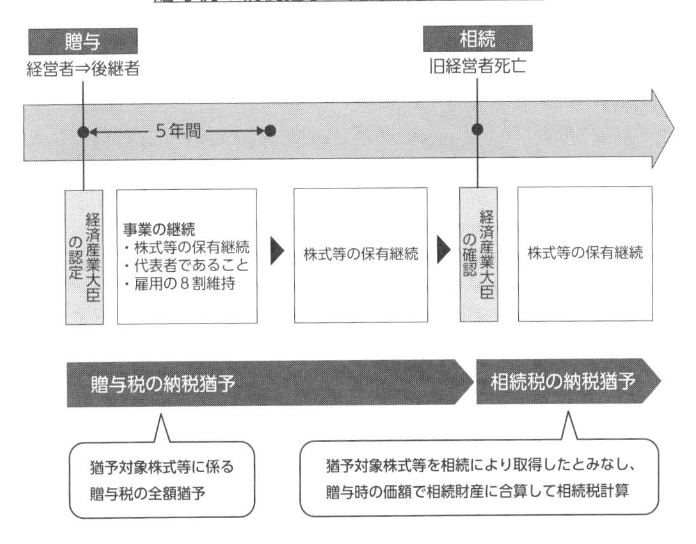

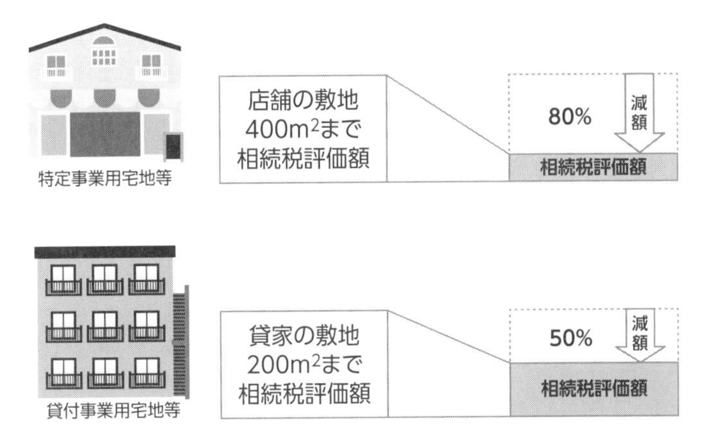

ガイドライン

親族内承継においては、先代経営者から後継者に対し、**株式や事業用資産を贈与・相続により移転する**方法が一般に用いられている。この場合、贈与税・相続税の負担が発生するが、事業承継直後の後継者には資金力が不足していることが多く、場合によっては**会社財産が後継者の納税資金に充てられることもある**。この場合、**事業承継直後の会社に多額の資金負担が生じる**こととなり、事業承継の大きな障害となっている。

以下では、事業承継に向けた準備を進める経営者・後継者や支援機関が知っておくべき基本的な制度等について、概括的に紹介する。いずれの手法も一長一短があり、個別具体的な事案において最も適合的な手法を採用する必要があることは言うまでもない。また、手法によっては前もっての準備が必要な場合もある。

従って、可能な限り速やかに、税務面に関しては税理士に、資金調達については金融機関等に対して相談するなど、専門家の適切な助言を仰ぐべきである。

① **暦年課税贈与**

(想定される利用者 → 会社・個人事業主)

財産を生前贈与する場合、贈与税が課税される。いわゆる暦年課税贈与を活用する場合、**年間 110 万円の基礎控除**を受けることができる。一方、税率は 10%～55%の累進課税であるため、株式の評価額が高い場合には贈与税も非常に高額となり、後継者に多くの株式を贈与することが困難となる場合がある。

〈参考〉**贈与税の税率**

○一般贈与財産用（一般税率）

基礎控除後の課税価格	200 万円以下	300 万円以下	400 万円以下	600 万円以下	1000 万円以下	1500 万円以下	3000 万円以下	3000 万円超
税率	10%	15%	20%	30%	40%	45%	50%	55%
控除額	-	10 万円	25 万円	65 万円	125 万円	175 万円	250 万円	400 万円

※兄弟間、夫婦間、親子間で子が未成年者の場合等に適用される。

○特例贈与財産用（特例税率）

基礎控除後の課税価格	200万円以下	400万円以下	600万円以下	1000万円以下	1500万円以下	3000万円以下	4500万円以下	4500万円超
税率	10%	15%	20%	30%	40%	45%	50%	55%
控除額	-	10万円	30万円	90万円	190万円	265万円	415万円	640万円

※直系尊属（祖父母や父母など）から、その年の1月1日において20歳以上の者（子・孫など）への贈与税の計算に適用される。

② 相続時精算課税贈与

（想定される利用者 → 会社・個人事業主）

生前贈与を行う場合、上記①の暦年課税贈与によることが原則であるが、受贈者の選択により、「相続時精算課税制度」の適用を受けることができる。同制度の概要は以下のとおり。

・相続時精算課税を選択できるのは（年齢は贈与の年の1月1日現在のもの）、**贈与者が60歳以上の父母又は祖父母**であり、**受贈者が20歳以上かつ贈与者の推定相続人である子又は孫**に該当する場合。

・贈与税は**特別控除**により累積で**2,500万円**までは課税されない。

・贈与額が2,500万円を超えた場合、**その超えた部分については一律20%の贈与税**が課税される。

・贈与財産の価額は、贈与者について相続発生時に、相続財産の価額に合算され、相続税において精算される（贈与時に贈与税を納付していた場合、納付すべき相続税額から控除される。）。

ただし、一旦相続時精算課税制度を選択すると、その後同一の贈与者からの贈与については同制度が強制適用され、暦年課税制度によることができないため、注意すべきである。また、贈与者の相続時には、贈与財産の**贈与時の価額**が相続財産に合算されるため、贈与財産の価額が相続時に上昇した場合には有利に、下落した場合には不利に働く。従って、暦年課税制度と相続時精算課税制度のいずれによるかは、贈与が可能な期間や所有財産の価額の動向を勘案して慎重に選択する必要がある。

〈参考〉**暦年課税制度と相続時精算課税制度の比較**

相続時精算課税を選択できる場合（年齢は贈与の年の1月1日現在のもの）
・財産を贈与した人（贈与者） → 60歳以上の父母又は祖父母
（住宅取得等資金の贈与の場合には特例がある。）
・財産の贈与を受けた人（受贈者） → 20歳以上の者のうち、贈与者の推定相続人である子又は孫

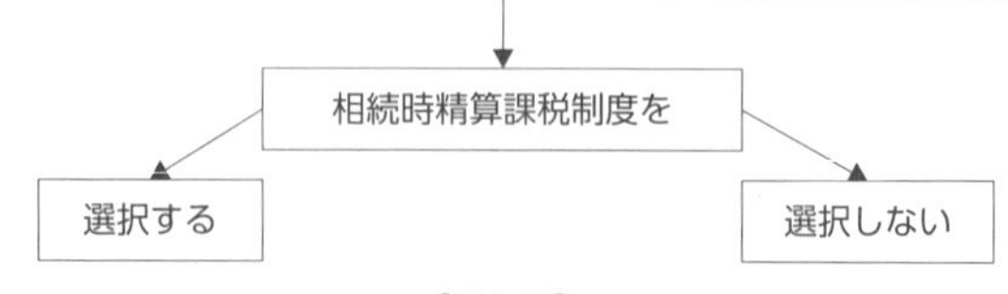

【贈与時】

〈相続時精算課税制度〉	〈暦年課税制度〉
[贈与税] ⑴贈与財産の価格から控除する金額 特別控除額2,500万円 なお、前年までに特別控除額を使用した場合には、2,500万円から既に使用した額を控除した金額が特別控除額となる。 ⑵税額 特別控除額を超えた部分に対して一律20%	[贈与税] ⑴贈与財産の価格から控除する金額 基礎控除額　毎年110万円 ⑵税額 課税価格に応じ贈与税率を適用

【相続時】

〈相続時精算課税制度〉	〈暦年課税制度〉
[相続税] 贈与者が亡くなった時の相続税の計算上、相続財産の価額に相続時精算課税を適用した贈与財産の価額（贈与時の価額）を加算して相続税額を計算。 その際、既に支払った贈与税相当額を相続税額から控除。なお、控除しきれない金額は還付を受けることができる。	[相続税] 贈与者が亡くなった時の相続税の計算上、原則として、相続財産の価額に贈与財産の価額を加算する必要はない。 ただし、相続又は遺贈により財産を取得した者が、相続開始前３年以内に贈与を受けた財産の価額（贈与時の価格）は加算しなければならない。

③　非上場株式等についての相続税及び贈与税の納税猶予・免除制度（事業承継税制）

（想定される利用者 → 会社）

平成 20 年に成立した経営承継円滑化法に基づき、平成 21 年度税制改正により、**「非上場株式等についての相続税及び贈与税の納税猶予・免除制度」（事業承継税制）**が創設された。事業承継税制は、事業承継に伴って発生する相続税・贈与税の負担により事業継続に支障が生ずることを防止するため、一定の要件のもと、その納税を猶予・免除する制度である。

事業承継税制（相続税）を利用した場合、下記の事例のように、大き

な税負担の軽減効果が期待できる。

自社株式	7億円	→後継者Aが取得
その他財産	3億円	→非後継者Bが取得
合計	10億円	

（注）相続人は、子2人（後継者Aと非後継者B）とする。

〈後継者Aの納付税額〉

納税猶予の適用を受けない場合
約2億8,000万円

納税猶予の適用を受ける場合
約4,000万円
（納税猶予税額：約2億4,000万円）

【非上場株式等についての相続税の納税猶予・免除制度】

本制度は、後継者が相続又は遺贈により取得した株式（ただし、相続開始前から後継者が既に保有していた完全議決権株式を含めて会社の**発行済完全議決権株式の総数の3分の2が上限**）に係る**相続税の80％の納税が猶予される**制度である。

本制度の適用を受けるためには、経営承継円滑化法に基づく経済産業大臣の「認定」を受け、**5年間平均8割の雇用維持**等の要件を満たす必要がある。要件を満たせなかった場合には、猶予中の税額を納付しなければならない。

また、以下の場合に、猶予された相続税の一部又は全部が免除される。

①後継者が死亡した場合
②会社が倒産した場合
③後継者が次の後継者へ贈与を行った場合
④同族関係者以外に株式を全部譲渡した場合
（譲渡額が猶予額に満たない場合、その差額部分は免除され、譲渡額を納付すれば足りる）

〈参考〉**相続税**の納税猶予・免除制度

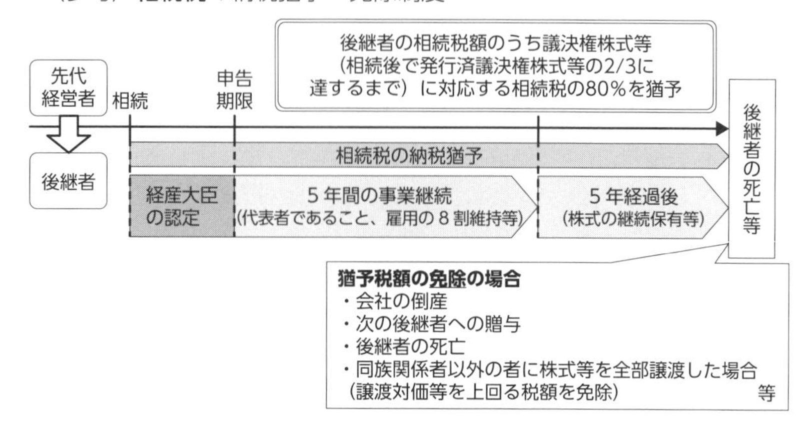

【非上場株式等についての贈与税の納税猶予・免除制度】

後継者が贈与により取得した株式（ただし、贈与前から後継者が既に保有していた完全議決権株式を含めて会社の**発行済完全議決権株式の総数の3分の2が上限**）に係る**贈与税の100%の納税が猶予される**。

要件及び効果については、【相続税の納税猶予・免除制度】と概ね同様である。

〈参考〉**贈与税**の納税猶予・免除制度

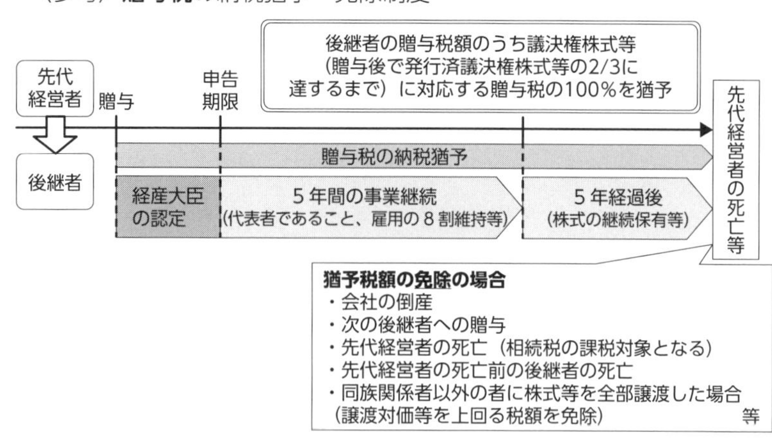

【贈与税の納税猶予中に先代経営者が死亡した場合】

【贈与税の納税猶予・免除制度】の適用を受けている間に、先代経営者（贈与者）が死亡した場合には、後継者の猶予されていた贈与税は免除され、代わりに相続税が課税されることとなる。ただし、一定の手続き（切替確認）を受けると、上記の【相続税の納税猶予・免除制度】に移行することとなる。

以上のとおり、**事業承継税制では、相続税と贈与税の納税猶予及び免除制度を組み合わせて活用する**ことで、相続のみならず生前贈与による株式の承継に伴う税負担を軽減することができ、将来にわたる円滑な事業承継が可能となる。

※なお、本ガイドライン作成時点で、事業承継税制については各経済産業局において認定事務等を行っているが、第五次地方分権一括法に基づき、平成 29 年 4 月 1 日（予定）からは**都道府県において認定事務等を行うこととなる**ため、注意が必要である。

④　小規模宅地等の特例

（想定される利用者 → 個人事業主（会社経営者の個人資産を含む））

一定の宅地等（相続の開始の直前において被相続人等の事業の用に供されていた宅地等又は被相続人等の居住の用に供されていた宅地等をいい、借地権も含まれる。）を相続した場合には、相続税の課税価格から一定の割合を減額する制度である。

宅地等の用途ごとの評価額の減額割合、適用対象となる土地面積の上限は以下のとおりである。

宅地等		減額される割合	適用対象限度面積
被相続人等の事業の用に供されていた宅地等	特定事業用（貸付事業以外）	80%	400m²
	特定同族会社事業用	80%	400m²
	貸付事業用	50%	200m²
被相続人の居住の用に供されていた宅地等		80%	330m²

・特定事業用宅地等の特例

特定事業用宅地等（被相続人等の事業の用に供されていた宅地等）は、申告期限まで事業を継続すること等の条件を満たした場合、**400m^{2}まで評価額の80%が減額**される。この制度は、土地を事業用に利用している個人事業主にとって、非常に有用な制度であるといえる。

例えば、500m^2、総額1億円の土地、相続人が子供1人の場合の計算例は以下のとおり。

【減額される額】1億円×(400m^2／500m^2)×80%＝6,400万円
【相続税の課税価格】1億円－6,400万円＝3,600万円
【課税遺産総額】3,600万円－3,600万円（基礎控除額）＝0円

なお、一定の要件を満たす**同族会社の事業を承継する場合**についても同様の減額がある（特定同族会社事業用宅地等の特例）。この制度は、経営者個人の所有する土地を自社の事業に利用している会社経営者による利用が想定される。

⑤　退職金

（想定される利用者 → 会社・個人事業主）

一般に、退職金はその支給を受けた人の所得税等の課税対象となるが、被相続人の死亡後3年以内に支給が確定した退職金、いわゆる**死亡退職金**（死亡後に確定した生前退職金も含む）は、相続税の課税対象となる。

死亡退職金のうち、被相続人のすべての相続人が取得した退職金の合計額が、下記の**非課税限度額**の枠内であれば、課税されない（限度額を超えた部分について課税される。）。

（非課税限度額）500万円×法定相続人の数＝非課税限度額

すべての相続人が受け取った退職金の合計額が非課税限度額を超えた場合、ある相続人が課税される退職金の金額は、次の計算式によって計算する。

$$\text{その相続人が受け取った退職金の額} - \text{(非課税限度額)} \times \frac{\text{その相続人が受け取った退職金の額}}{\text{すべての相続人が受け取った退職金の合計額}} = \text{その相続人の課税される退職金の額}$$

なお、個人事業主であれば、前述の**小規模企業共済制度**の活用により、会社における退職金と同様のメリットを受けることができる。

3 財産の承継－株式・事業用資産の分散防止

Point!

◆株式や事業用資産が、相続を通じて親族の間で分散してしまうことがあります。その結果、会社の支配権が分散したり、株式の買取りを請求されて急な資金流出が生じたりすることがあります。

◆株式や事業用資産の分散を防止する事前対策は、生前贈与、安定株主の導入、遺言の作成です。

◆生前贈与することによって、後継者へ株式・事業用資産を集中させることができます。この際、事業承継税制を適用することができれば、税負担を大幅に軽減することができます。また、早期に後継者へ事業承継することで、時間をかけて後継者を支援・助言することができ、「知的資産」の承継に有効です。

◆安定株主を導入することによって、税負担を軽減することができます。また、第三者による客観的な助言を得ることができます。

◆次善策として、遺言書を作成すること（公正証書遺言が好ましい）によって、後継者に株式や事業用資産を遺すこともできます。

◆遺留分に関する民法特例を適用し、除外合意や固定合意を行うことができれば、遺留分減殺請求による自社株式の分散を防止することができます。

◆相続によって分散した株式や事業用資産を買い取る資金が必要になった場合、中小企業経営承継円滑化法に基づく金融支援を活用しますと、日本政策金融公庫から低利で融資を受けることができます。

◆非上場株式を相続した個人が、相続税の申告期限から3年以内に発行会社にその株式を売却した場合、みなし配当課税（最高55.945

の累進課税%）ではなく、譲渡益課税（20.315%）が適用される特例があります。また、自社株式に係る相続税の金額が取得費に加算される特例もあります。

◆株式が後継者ではない相続人に相続されてしまった場合、株式を会社が買い取りたいところですが、株主となった相続人が拒否することもありえます。そのような場合、予め定款変更しておけば、相続人等に対する売渡請求を行うことができるようになります。

◆後継者が議決権の90%以上を保有すれば、特別支配株主として、他の株主に対して株式の売渡請求を行うことが出来ます。

◆事業承継を行う前に、名義株や所在不明株主の整理を行っておきましょう。

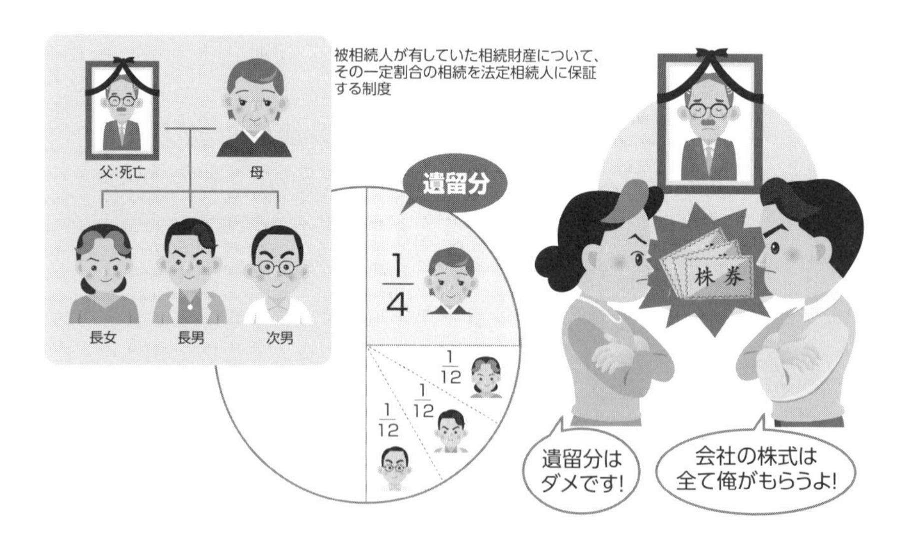

株式や事業用資産は、先代経営者の個人財産であり、相続するときは相続財産となります。つまり、配偶者や子供などの相続人に相続されることになります。また、会社経営者の相続財産の中では、株式や事業用資産が

最も大きな割合を占めることが多く、それらを誰が承継することになるかが遺産分割の中心課題となるのです。つまり、その遺産分割の結果によっては、後継者以外の相続人に株式や事業用資産が分散してしまうおそれがあるのです。

この点、民法で定められた遺留分は、相続人が最低限もらうことのできる権利であるため、株式や事業用資産に対して遺留分が請求されるようなことになれば大きな問題となります。

そこで、中小企業経営承継円滑化法では、遺留分に関する民法特例を定めており、遺留分減殺請求によって株式や事業用資産が分散することがないようにして、円滑な事業承継を後押ししています。

ガイドライン

株式の相続に際し、遺産分割や遺留分減殺請求等の結果によっては、**株式が多数の相続人に分散してしまう**場合がある。株式が分散した場合、株主総会の運営等をはじめとする株主管理コストが高まり、場合によっては**株式の買取りを請求され会社の資金流出が生ずる**といったトラブルが発生し、事業の円滑な承継が阻害される可能性がある。

そのため、先代経営者の相続発生に先立つ**事前の対策**が重要であり、既に分散してしまった場合にも、**事後的な対策**をとることが望ましい。

なお、個人事業主においても、その事業用資産の承継に際して同様の問題が生ずるが、採り得る選択肢に違いがあるため、各項の説明を参照されたい。

また、現在法制審議会民法（相続関係）部会において、相続法制の見直しについて調査審議が行われており、中小企業の事業承継にも何らかの影響を及ぼす可能性があるため、その動向を注視すべきである。

【株式・事業用資産の分散を防止するための事前の対策】

① 生前贈与

(想定される利用者 → 会社・個人事業主)

株式・事業用資産の分散は、先代経営者の相続発生を見据えた対策がなされていなかったことに起因して発生することが多い。従って、分散を防止する最もシンプルな対策は、**相続発生前に、先代経営者から後継者へ株式・事業用資産の生前贈与を行うこと**である。事業承継の円滑化のためには早期・計画的に事業承継に向けた準備を行うことが重要であるところ、生前贈与は先代経営者の意思に基づき、確実に事業承継を進めることができる手法であるため、円滑な事業承継実現の観点から極めて有用である。

一方、一定額以上の株式・事業用資産を贈与する場合、当然贈与税を課税されることとなるため、前述のとおり、暦年課税制度、相続時精算課税制度、**事業承継税制**を活用することにより、**贈与税の軽減策を検討する**ことが不可欠である。

なお、生前贈与は、株式・事業用資産の分散防止のほか、先代経営者が健在のうちに、その支援・助言を受けながら後継者へ計画的に事業承継を行うことができ、**「知的資産の承継」に必要な伴走期間を確保する**ことができるというメリットもある。

② 安定株主の導入(役員・従業員持株会、投資育成会社、金融機関、取引先等)

(想定される利用者 → 会社)

株式の分散は、後継者が株式を承継しようとする際に、その納税負担等に耐えられず、他の相続人等に承継させることなどによって発生する。このような事情に起因する株式分散を防止する手法として、**経営者の他に安定株主を導入する**方法が用いられている。ここでいう安定株主とは、基本的には現経営者の経営方針に賛同し、長期間にわたって保有を継続してくれる株主をいう。

安定株主が一定割合の株式を保有する場合、経営者は当該安定株主の保有株式と合計して安定多数の議決権割合を確保すればよいため、承継すべき株式の数は相対的に低下する。また、総株式数から安定株主の保有株式を控除した部分が承継の対象となるため、相続が発生した場合の相続財産の総額が減少する。

なお、安定株主導入の副次的な効果として、中小企業の経営に第三者の立場として参画することで、**客観的な視点からの助言や、中小企業経営者が持っていない知見に基づく助言を受けられる**といったメリットもある。

③　遺言の活用

(想定される利用者 → 会社・個人事業主)

先代経営者が**遺言**において、どの財産を誰に承継するかを明確にすることによって、相続争いや遺産分割協議を回避し、**後継者に株式や事業用資産を集中させる**ことができる。

仮に遺言がない場合、遺産の分割方法は遺産分割協議を経て決定することとなり、結果として自社株式や事業用資産が分散してしまったり、協議がまとまらずに相続紛争に発展してしまったりする事例も見られる。

なお、遺言は民法上定められた形式を満たさない場合や、遺言作成に足りる判断能力がない状態で作成された場合など、無効とされてしまう可能性もあるため、注意が必要である。この問題は自筆証書遺言の方式によった場合に顕著であるため、まずは**公正証書遺言**の作成を検討すべきである。

また、遺言はあくまでも「事後」に関係者に表面化するものであり、生前贈与等の早期の承継の次善策にとどまることや、遺留分への配慮が必要であること等にも留意が必要である。

遺言の他、死因贈与によることも同様の効果があるので、適切な手法や手続き等について、弁護士等の専門家に相談することが有益である。

〈参考〉遺言書のイメージ

遺言書

遺言者甲は、次のとおり遺言する。
1　私名義の次の財産を相続人Aに相続させる。
　(1)Y社株式　600株
　(2)××市××町×丁目×番
　　宅地　　××平方メートル
　(3)同所同番地所在
　　家屋番号　×番　　鉄筋コンクリート造陸屋根2階建工場
　　床面積　××平方メートル
2　私名義の××銀行〇〇支店に有する貯金すべてを相続人Bに相続させる。
3　私名義の××株式会社の株式(××証券□□支店扱い)を相続人Cに
　5,000株相続させる。
4　以上に定める財産以外のすべての財産を△△△△に相続させる。
5　この遺言の執行者として、××市××町×丁目×番◇◇◇◇を指定する。
6　遺言執行者◇◇◇◇に対して、本遺言執行のための預貯金等の名義変更、
　解約及び換金等一切の処分を行う権限を付与する。

平成××年××月××日
××県××市××町×丁目×番×号
遺言者　〇〇　〇〇　　印

※実際に作成する際は、弁護士等の専門家に相談されたい。

④　遺留分に関する民法特例

(想定される利用者 → 会社)

ア）遺留分に関する民法特例の概要

民法上、遺族の生活の安定や最低限度の相続人間の平等を確保するために、相続人（兄弟姉妹及びその子を除く。）に最低限の相続の権利を保障しており、これを**遺留分**という。

推定相続人が複数いる場合、後継者に自社株式を集中して承継させようとしても、遺留分を侵害された相続人から遺留分に相当する財産の返還を求められた結果、**自社株式が分散してしまう**など、後継者による安定的な事業の継続に支障が生ずるおそれがある。

そこで、将来の紛争防止のため**経営承継円滑化法に基づく遺留分に関する民法の特例**を活用すると、後継者を含めた先代経営者の推定相続人全員の合意の上で、先代経営者から後継者に贈与等された非上場株式に

ついて、一定の要件を満たしていることを条件に、

①遺留分算定基礎財産から除外（**除外合意**）

又は

②遺留分算定基礎財産に算入する価額を合意時の時価に固定（**固定合意**）

をすることができる。

本制度については、事業承継時点における関係者の合意に法的な効力を付与することが可能であり、将来にわたり株式に関する紛争の危険性を低下させることが期待できることから、事業承継税制の活用の有無にかかわらず（親族外であっても）、積極的に活用を検討していくべきである。

なお、除外合意の基礎となる非上場株式の評価方法については、平成21年2月に中小企業庁が発表した**「経営承継法における非上場株式等評価ガイドライン」**等を参照・活用することも有益である。

イ）除外合意について

贈与した株式等を遺留分算定基礎財産から除外する旨の合意である。

現経営者の生前に、経済産業大臣の確認を受けた**後継者**が、遺留分権利者全員との合意内容について家庭裁判所の許可を受けることで、現経営者から後継者へ贈与された自社株式その他一定の財産について、遺留分算定の基礎財産から除外することができる。

これにより、事業継続に不可欠な自社株式等に係る遺留分減殺請求と、それによる株式等の分散を未然に防止することができる。

〈参考〉除外合意の概要

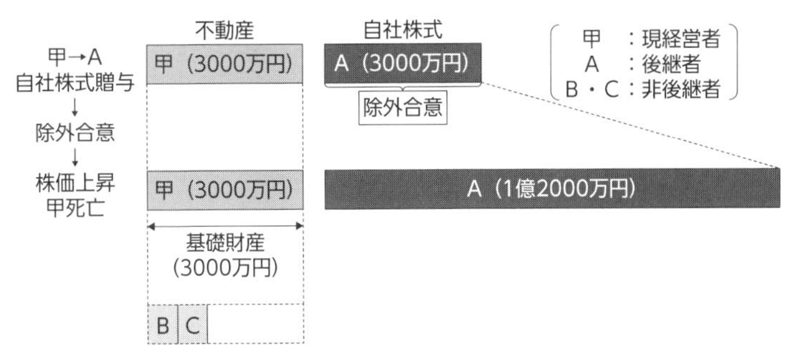

ウ）固定合意

贈与した株式等の評価額を予め固定する旨の合意である。

生前贈与後に、後継者の貢献により株式価値が上昇した場合でも、遺留分の算定に際しては相続開始時点の上昇後の評価で計算される。このため、経済産業大臣の確認を受けた**後継者**が、遺留分権利者全員との合意内容について家庭裁判所の許可を受けることで、遺留分の算定に際して、生前贈与株式の価額を当該合意時の評価額で予め固定することができる。

これにより、後継者が株式かつの上昇分を保持できることとなり、経営意欲の阻害要因が排除されるものと考えられる。

〈参考〉固定合意の概要

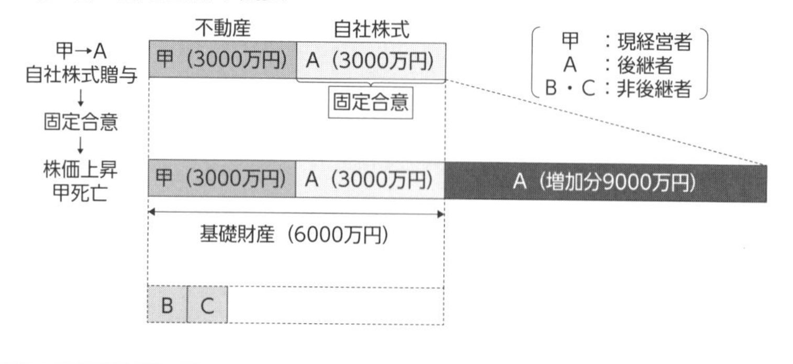

【株式・事業用資産が分散した場合の事後の対策】

① 買取資金等の調達

（想定される利用者 → 会社・個人事業主）

相続などにより分散した株式・事業用資産の買取り（会社に対する貸付金や未収金の弁済を含む。）を行う場合、その取得資金や、これらの資産に係る贈与税・相続税の納税のために多額の資金ニーズが発生する場合がある。

後継者に手元資金が不足している場合、借入れによる資金調達を行うことが考えられるが、経営者の交代による信用状態の低下等により、金融機関から借入れをする際に金利等の条件を厳しくされる場合や、十分な額の借入れを行うことができない場合がある。

このような場合、経営承継円滑化法の**金融支援**を活用すると、日本政策金融公庫等から**低利で融資**を受けることや、信用保証協会の通常の保証枠とは**別枠の保証**を利用することができる。

同制度を利用するためには一定の要件を満たす必要があるため、詳細については、最寄りの経済産業局や税理士等の専門家、金融機関へ相談を行うことが有益である。

② 自社株買いに関するみなし配当の特例

（想定される利用者 → 会社）

上記のとおり、株式・事業用資産の集約の方法としては、後継者や中小企業による買取りを行うことが一般的である。しかし従来、非上場株式を発行会社に譲渡した場合、譲渡対価のうち発行会社の資本金等の額を除く部分（利益積立金相当）について、譲渡益の額や他の所得の額に応じ、**みなし配当課税**（最高55.945％の累進課税）がかかるため、売主の手取り額が減少し、集約が進まないといった課題があった。また、後継者以外の相続人にとって、発行会社への売却による相続税納税資金の調達が困難であるとの指摘もあった。

そこで、非上場株式を相続した個人が、相続税の申告期限から3年以内に発行会社に相続株式を売却した場合（いわゆる金庫株の活用）、**みなし配当課税**（最高55.945％の累進課税）でなく、譲渡益全体について**譲渡益課税**（20.315％）が適用される旨の特例が設けられている。

また、自社株式に係る相続税の額が、相続した財産のうちに占める譲渡した自社株式の割合に応じ、取得費に加算される特例も利用できる。

③ 会社法上の制度の活用

分散してしまった株式を再度集約する方法として、会社又は後継者が**株主から株式の買取りを行う**のが通常である。その際、通常の売買契約によるのであるから、株主と交渉の上、任意に買取りを行わざるを得ない（もちろん、**株主が売却を拒絶することもあり得る**。）。

このような場合の対応策として、次の二つの方法が考えられる。

ア）相続人等に対する売渡請求（会社法第174条）

（想定される利用者 → 会社）

あらかじめ**定款**に定めておくことにより、相続等で株式が移転した場合、会社が当該株式の相続人に対し、会社へ売り渡すよう請求することができる制度である（法人である株主の合併により株主が変更する場合等を含む）。

この制度を利用するにあたっては、主に以下の点に留意すべきである。

・請求期限

相続等があったことを知った日から**1年以内**に、**株主総会の特別決議**を経て請求する必要がある。

・売買価格

株式の売買価格は当事者間の協議によるが、協議が調わない場合、**裁判所に売買価格決定の申立て**をすることができる（申立ては売渡請求の日から20日以内に行わなければならない。）。

・財源規制

会社の純資産から資本及び法定準備金等を控除した額**（分配可能額）**の範囲内でのみ株式の買取りを行うことができる（会社法第461条）。

・後継者に対する買取請求の可能性

現経営者について相続が発生し、株式を後継者が取得した場合、**非支配株主が主導して会社から買取請求が行われる可能性**がある。このとき、買取請求を行うか否かを決する株主総会において、当該**後継者は利害関係株主として議決権を行使することができない**ため、請求するか否かは後継者以外の株主による議決に委ねられる。結果として、後継者が取得した株式について買取請求が行われ、支配権を失ってしまうおそれがある（当然、財源規制による制限はある。）。

イ）特別支配株主による株式等売渡請求（会社法第179条）

（想定される利用者 → 会社）

株式会社の総株主の**議決権の90％以上**を有する株主は、他の株主の全員に対し、その保有するその会社の株式の全部を自己に売り渡すことを請求することができる。

手続きの大まかな流れは以下のとおりである。

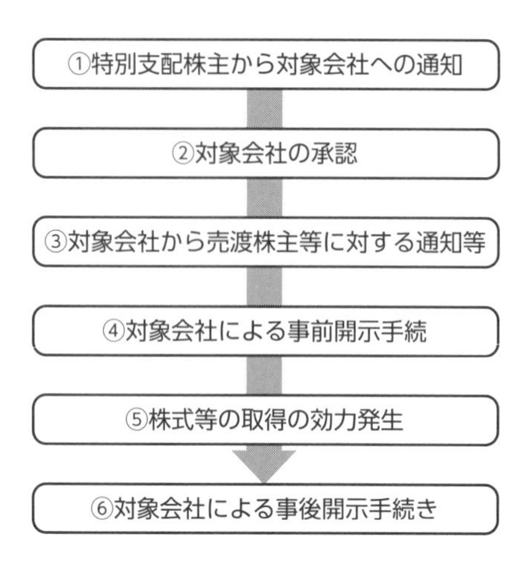

この方法を採るためには**経営者が単独で 90%以上の株式（議決権）を保有**している必要があるものの、この要件を満たす場合には、経営の安定化の観点から有用な手法であると言える。

④　名義株の整理

平成 2 年の商法改正前においては、株式会社を設立するためには最低 7 人の発起人が必要であり、各発起人は 1 株以上の株式を引き受けねばならなかった。そのため、当時設立された株式会社にあっては、設立当時から株主が 7 人以上存在し、株式の分散が進んでいることが一般的であった。

上記の商法の規定等に起因して、他人の承諾を得て、他人名義を用いて株式の引き受け・取得がなされることがあり、**名義上の株主と実質的な株主が異なる**、いわゆる**名義株**が多く発生した。

このような状況を放置しておくと、まったく見ず知らずの“自称”株主から、突然株主の権利が主張され、実質的な株主との間で紛争となることがある。また、将来的にM＆A等を行おうとした場合、名義株主が真の株主であることを主張して譲渡を拒否する、あるいは対価を要求する等、様々な問題が生じ得る。そのため、事業承継に先立ち、株主名簿の整理を行って株主を確定し、名義株が存在する場合には、**名義上の株**

主との間で合意を結ぶなど、権利関係を明確にしておくべきである。

なお、名義株の株主については判例上、「名義人すなわち名義貸与者ではなく、実質上の引受人すなわち名義借用者がその株主となるものと解するのが相当」として、形式的な名義ではなく、**実質的な株主を基準に判断する**ものとしている（最判昭和42年11月17日民集21巻9号2448頁）。

⑤　所在不明株主の整理

（想定される利用者 → 会社）

上記④のような過程で株式が分散し、さらに相続が発生するなどして人間関係が希薄化したため、**株主名簿上の株主の所在が不明となってしまう事例**が頻発している。

所在不明株主が存在する場合、突然株主権が主張される事態が想定される他、株式譲渡の方法で会社を売却しようとする場合に、全株式を譲渡することができないため、買い手にとっては全株を取得できず、いつ株主権を主張されるかわからない、というリスクを負うことになる。その結果、会社を売却することができないという事態も想定される。

また、全株主の同意が必要な行為をする場合や、株主総会の招集通知等の手続きを行うためにも、株主の所在を把握しておく必要があることは当然である。そのため、現時点での株主を確定し、その所在地や連絡手段を確保しておく必要がある。

なお、5年以上継続して会社からの通知が到達しない株主が所有する株式は、一定の手続きを経て会社が処分（競売・売却・自社株買い）することができる（会社法第197条）。この手段をとるには公告・通知といった会社法上の手続きを行わなければならないため、速やかに弁護士等の専門家に相談すべきである。

4 債務・保証・担保の承継

Point!

- 事業承継では、株式や事業用資産だけでなく、債務・保証・担保の承継も伴うことに留意しなければなりません。会社の借入金については、現経営者が個人（連帯）保証を提供していることが一般的ですから、後継者は保証債務を引き継がなければなりません。
- 「経営者保証に関するガイドライン」では、求められる対応を行った経営者及び後継者の個人保証について、事業承継時において解除されるべきだと記載されています。
- 経営者保証ガイドラインにおいて中小企業に求められる対応は、①法人と経営者との関係の明確な区分・分離、②財務基盤の強化、③財務状況の正確な把握、適時適切な情報開示等による経営の透明化の確保の３つです。
- 現経営者の会社に対する貸付金は、相続財産として課税されることになります。ただし、会社に対する保証債務は債務控除されません。

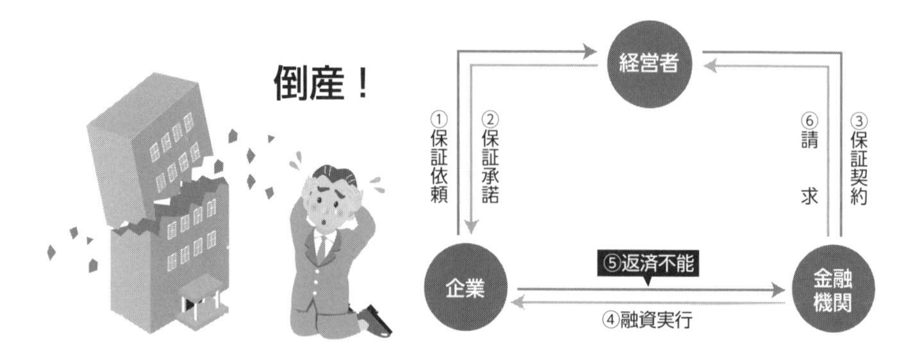

後継者が先代経営者の相続人となる場合、会社に対する保証債務も相続されることになります。個人事業主の場合、借入金も相続しなければなりません。また、自宅や事業用資産など不動産に担保として設定された抵当権は、相続されても消えるものではなく、抵当権が付された不動産が相続されることになります。それゆえ、債務・保証・担保は、後継者にとって重大な問題となります。場合によっては相続放棄して、それらを一切引き継がないようにすることを考えなければならない場合もあります。

ガイドライン

① 対応の必要性

中小企業経営者においては、事業承継を行うにあたり、**債務・保証・担保等の円滑な承継**にも留意が必要である。会社が負っている債務は事業承継にかかわらず会社が負い続けるものの、経営者個人が借入れを行って会社に貸付けている場合や、**会社の借入れについて現経営者が個人（連帯）保証を提供している場合、自己所有の不動産等を担保に提供している場合**等には、これらの処理を検討しなければならない。

対応を行わない場合、事業承継後も現経営者がそれらの負担を追い続けることとなり、相続が発生した場合には債務を相続人間でどのように負担するのかという困難な問題が生ずることとなる。例えば、現経営者が個人で事業用資金を借り入れており、当該借入債務を相続する際に後継者が単独で引き受けようとしても、これには金融機関等の債権者の同意が必要となる。従って、将来の相続時のリスクを回避するため、**事業承継時に現経営者から後継者へ、事業用資金の借入債務や担保に供している事業用資産も併せて承継しておく**必要がある。

債務・保証・担保については、その処理を確実に行わなければ、円滑な事業承継の実現が困難となるばかりか、かかる負担が重荷となり、後継者が承継を断念するおそれすらある。

事業承継に向けて、経営改善等を通じた資金繰りの改善により債務の圧縮を図りながら、金融機関との信頼関係を構築することが重要となる。

② 経営者保証に関するガイドラインに即した対応

（想定される利用者 → 会社）

従来、金融機関は、経営への規律付けや信用補完の観点から、**経営者に連帯保証**を求めることが多く、その際には、当然**経営者の経営能力に対する評価**が前提とされている。事業承継においては、一般に経験やノウハウに乏しい後継者が事業を承継するため、事業承継時の保証の解除に対しては消極的であった。

前述の通り、保証・担保の承継は事業承継時の大きな課題のひとつであるが、経営者保証の課題・弊害を解消するため、日本商工会議所と一般社団法人全国銀行協会を事務局とする「経営者保証に関するガイドライン研究会」により、平成25年12月に**「経営者保証に関するガイドライン」**（以下、「経営者保証ガイドライン」という。）が策定された。

中小企業の経営者保証に関する契約時及び履行時等における中小企業、経営者及び金融機関それぞれの対応についての**中小企業団体及び金融機関団体共通の自主的・自立的な準則**である経営者保証ガイドラインには、保証契約締結時の主たる債務者、保証人及び債権者の対応と並んで既存の保証契約の適切な見直しについて記載され、その中で、**事業承継時における経営者の個人保証（経営者保証）の取扱い**について記載している。そこでは、事業承継に際し、中小企業による情報開示や金融機関（債権者）による保証契約の必要性等に関する検討など、同ガイドラインに沿った対応が求められている。

経営者保証ガイドラインの策定後、独立行政法人中小企業基盤整備機構の実施したアンケートによれば、経営者保証を解除したいと考えている中小企業経営者のうち、金融機関に対して、経営者保証の解除を申し出、又は相談を行った経営者は、全体の2割である（図表20）。そして、**金融機関に対して経営者の個人保証の解除の申し出・相談を行った中小企業経営者のうち、4割の経営者が、金融機関が保証解除に応じた**と回答している（図表21）。

図表 20：金融機関に対する経営者保証の解除の申し出・相談の有無 ㈱東京商工リサーチ「経営者保証に関するガイドライン認知度アンケート報告書」（2016 年 2 月）再編加工）

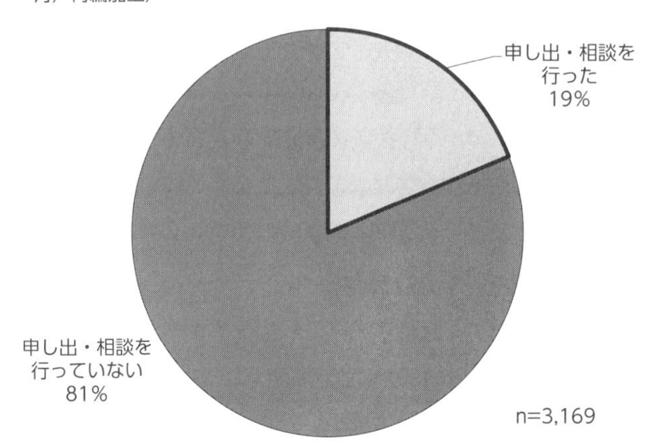

図表 21：金融機関に経営者保証の解除の申し出・相談を行った結果 ㈱東京商工リサーチ「経営者保証に関するガイドライン認知度アンケート報告書」（2016 年 2 月）再編加工）

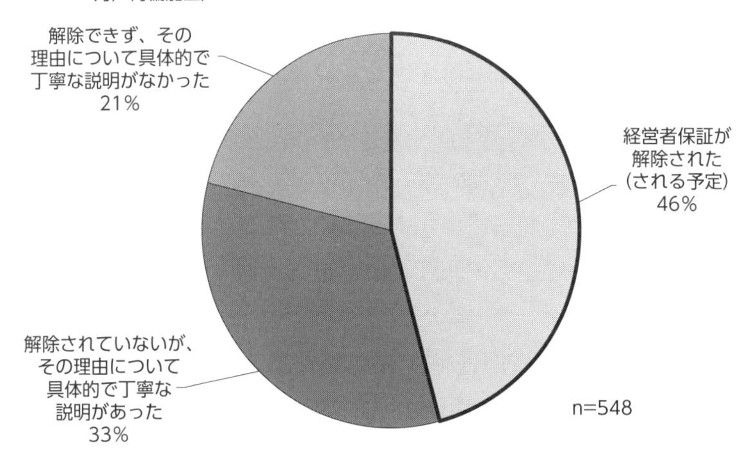

一般に、自ら経営者保証の解除を申し出る中小企業は、その申し出の際には経営者保証ガイドラインに即した対応を行っている、もしくは、その努力を行っている事業者であると考えられるが、申し出の結果、多

くの経営者が、経営者保証の解除や解除困難な理由の丁寧な説明など、一定の効果を得られている。

このように、経営者保証ガイドラインは中小企業経営者の個人保証の問題に関し、新しい動きを生み出しているものと言える。

【中小企業側に求められる対応について】

第一に、経営者保証（後継者含む）に依存しない資金調達を希望する中小企業経営者には、以下の対応が求められる。これらの対応は、事業承継に向けた準備段階の**「見える化」**、**「磨き上げ」**とも関連するものである。例えば、会計要領を活用した経営状況の見える化や、本業の競争力強化（磨き上げ）による財務基盤の強化等は、結果として経営者保証ガイドラインの求める対応につながるものと考えられる。

①法人と経営者との関係の明確な区分・分離
②財務基盤の強化
③財務状況の正確な把握、適時適切な情報開示等による経営の透明性の確保

第二に、事業承継時の対応として、現経営者及び後継者は、対象債権者からの情報開示の要請に対して適時適切に対応する必要がある。特に、**経営者の交代により経営方針や事業計画等に変更が生じる場合**には、その点についてより誠実かつ丁寧に、対象債権者に対して説明を行うことが必要である。

【金融機関側に求められる対応について】

経営者保証ガイドラインでは、金融機関は前述の対応を図る中小企業経営者に対して、中小企業側の経営状況、資金使途、回収可能性等を総合的に判断する中で**経営者保証を求めない**可能性、その他代替的な融資方法を活用する可能性について、主たる債務者の意向も踏まえた上で、検討する必要がある。

また、上記の中小企業経営者に対して、経営者保証を求めることがやむを得ないと判断されたとき等には、金融機関としては、債務者及び保証人に対する丁寧な説明・適切な保証金額の設定を行うことが求められる。

さらに、事業承継時においては、現経営者との**保証契約の解除**や後継者との保証契約の締結に関し、実質的な支配権の所在や既存債権の保全状況、企業の資産や収益力による借入金返済能力等を勘案し、必要な情報開示を得たうえで、保証契約の必要性等について改めて検討することが求められる。

（参考）**「経営者保証ガイドライン」について**

平成 26 年 2 月より適用を開始している経営者保証ガイドラインでは、経営者の個人保証について、

① **法人と経営者との関係が明確に分離されている場合**などに、経営者の個人保証を求めないことなどを検討すること（日本公認会計士協会が、「『経営者保証に関するガイドライン』における法人と経営者との関係の明確な区分等に関する手続等について」を策定（平成 26 年 9 月 3 日））

② 多額の個人保証を行っていても、早期に事業再生や廃業を決断した際に**一定の生活費**等（破産手続きを行った場合に経営者の手元に残すことができる自由財産 99 万円に加え、年齢等に応じて 100 万円～360 万円）を残すことや、「華美でない」自宅に住み続けられることなどを検討すること

③ 保証債務の履行時に返済しきれない**債務残額は原則として免除**することなどを定めている。

第三者保証人についても、上記については経営者本人と同様の取扱いとなる。なお、経営者保証ガイドライン本文及びＱ＆Ａの詳細は、日本商工会議所及び全国銀行協会のＨＰに記載されている。

日本商工会議所：
http://www.jcci.or.jp/sme/assurance.html

全国銀行協会：
http://www.zenginkyo.or.jp/adr/sme/index.html

また、経営者保証ガイドライン等金融に関する相談については、全国の商工会・商工会議所をはじめ、後述するサポート機関において受け付けている。

③　その他の留意点

以上の他、将来現経営者について相続が発生した場合、

・**現経営者の会社に対する貸し付け**については、たとえ債務超過であったとしても当該貸付債権は相続財産として原則として相続税の課税対象になること
・**現経営者が会社の債務について連帯保証**しており、債務超過のため保証債務の履行を求められる可能性があったとしても、その不確実性のために相続財産について債務控除の対象にならない場合が多いこと等についても、留意が必要である。

5 | 資金調達

Point!

◆株式や事業用資産を買い取るための資金、事業の磨き上げや経営改善のために投じる資金が必要となりますので、金融機関との間で、事業承継計画とそれに伴う資金ニーズを共有しておきましょう。

◆中小企業経営承継円滑化法に基づく金融支援の適用を受けることができれば、日本政策金融公庫から融資を受けることができます。

ガイドライン

① **事業承継時にかかる資金の必要性について**

事業承継を行うにあたっては、下記に例示する一定の資金が必要となる一方、経営者交代により信用状態が悪化し、金融機関からの借入条件や取引先の支払条件が厳しくなることが懸念される。

(例) 事業承継において必要な資金

・事業承継前に**自社の磨き上げ**のためにかかる投資資金

・先代経営者からの**株式や事業用資産の買取り**資金
・相続に伴い分散した**株式や事業用資産の買取り**資金
・先代経営者の所有する株式や事業用資産にかかる**相続税の支払い**資金
・事業承継後に**経営改善や経営革新**を図るための投資資金

事業承継を行うにあたっては、各段階の資金ニーズに応じた円滑な資金調達を行う必要があることから、**取引金融機関等との間で事業承継計画や課題、資金ニーズについての認識を共有しておくこと**が重要である。

② 事業承継時の金融支援（経営承継円滑化法）について
（想定される利用者 → 会社・個人事業主）

前述の通り、事業承継においては取引金融機関との十分な連携が重要であるが、他方で、**事業承継時の融資は、民間の金融機関では対応困難**な場合も想定されることから、経営承継円滑化法おいて、下記の金融支援を整備している。

○株式会社日本政策金融公庫の融資
・中小企業・小規模事業者向けの政府系金融機関。経営承継円滑化法における経済産業大臣の認定を前提に、**後継者個人の株式取得資金の融資**が可能。

○信用保証協会の保証枠の別枠整備
・中小企業が金融機関から事業資金を調達する際に「信用保証」を行う機関。経営承継円滑化法における経済産業大臣の認定を前提に、事業承継にかかる資金は**通常の保証枠と別枠で信用保証を行うこと**が可能。

また、上記の支援の他、前述の両機関やその他公的機関（株式会社商工組合中央金庫、**中小企業投資育成株式会社**など）において、円滑な事業承継における資金調達支援を実施している。

② 従業員承継における課題と対応策

1 | 従業員承継における課題

Point!

◆従業員承継は、後継者が有償で株式や事業用資産を買い取ることが多く、その買い取資金の調達が問題となります。

◆従業員を後継者とする決定は、関係者の理解を得るのに時間がかかり、現経営者の親族との合意形成が重要となります。

ガイドライン

「従業員承継」を行う際には、現経営者の親族や、後継者である従業員の配偶者といった**関係者の理解等を得るのに時間がかかる**場合もあるため、後継者の経営環境の整備により一層留意する必要がある。また、株式・事業用資産を相続等によって取得する親族内承継と比較して、所有と経営の分離が生じやすいと言える。株式・事業用資産の承継は、**有償譲渡**によることが多く、その場合、相続税対策は不要となるものの、**買取資金の調達や現経営者及び親族との合意形成**が極めて重要となる。

なお、遺贈や贈与によって株式・事業用資産を承継する場合は相続税・贈与税の課税を受けることがあるため、留意が必要である。

2｜人（経営）の承継

Point!

◆会社の「番頭さん」は他の従業員との信頼関係ができているため、事業承継後も会社の一体感を維持しやすいというメリットがあります。

◆従業員にとって必要となるものは、会社経営の覚悟と責任感です。現経営者は、後継者となる従業員との対話を重ね、責任感を持たせることが重要です。

◆現経営者の親族とも対話して、後継者となる従業員との関係を調整しておくことも大切です。

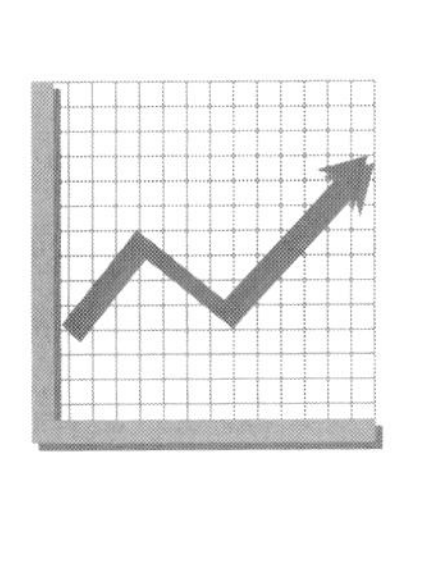

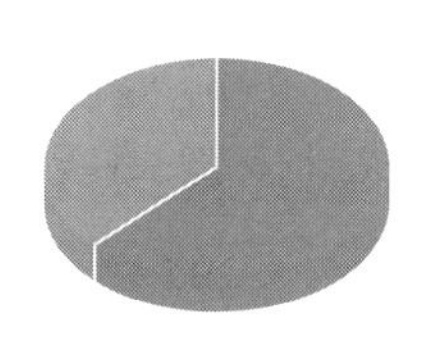

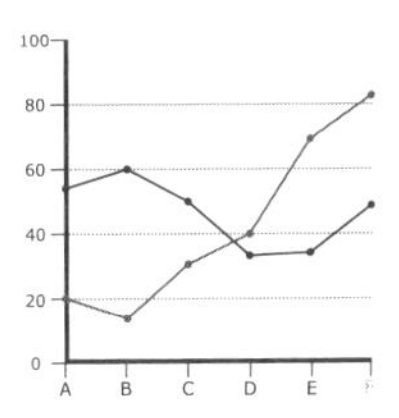

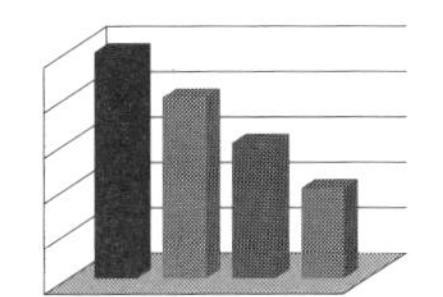

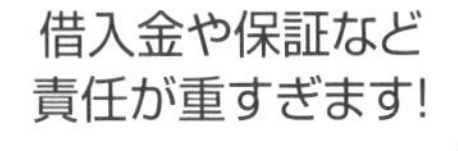

借入金や保証など
責任が重すぎます!

ガイドライン

従業員が後継者となる場合、社内で一定の経験を積み、経営に近い役割を担ってきた従業員、いわゆる「番頭さん」が後継者となる例が多い。「番頭さん」は他の従業員との信頼関係を構築できているため、会社の一体感などを事業承継後も維持しやすいといったメリットがあることは既に述べたとおりである。

一方、従業員と経営者で大きく異なるのが、**会社を経営することに対する覚悟や責任感**であると言われている。そのため、従業員に承継を行おうとする場合、まずは当該**従業員との対話**を重ね、また**責任のある役職に置く**などして、**自身の責任で会社を経営するのだ、という覚悟**を持ってもらうことがまず重要である。

また、現経営者の親族等が事業承継後の従業員後継者による会社経営に協力していけるよう、現経営者による**親族等の関係者との対話**も重要である。ここでいう関係者には、会社経営という大きな責任を引き受ける従業員後継者の配偶者等も含まれるものと考えられる。

近年は、従業員後継者と現経営者の親族との関係を調整するために**無議決権株式**や**優先株式**等を活用するケースも見られ、専門家への相談を行うことも有用である。

3 資金調達（MBO・EBO）

Point!

- 従業員承継では、MBOやEBOのように、有償の譲渡によって株式や事業用資産の承継が行われます。
- 従業員が買取資金をどうのように調達するかが大きな問題となります。
- 中小企業経営承継円滑化法に基づく金融支援によって、従業員が日本政策金融公庫から融資を受けることもできます。
- 従業員承継の際に、投資ファンドやベンチャー・キャピタルから出資を受けるケースもあります。

ガイドライン

後継者の経営を安定させるためには一定数の株式や事業用資産の取得が必要だが、いわゆる**MBO**（役員による株式取得：Management Buy-Out）や**EBO**（従業員による株式取得：Employee Buy-Out）に代表されるように、**有償の譲渡**により株式・事業用資産の承継が行われることが多い。

しかしながら、現経営者の親族外の役員や従業員は、現経営者から株式・事業用資産以外の資産の取得が期待できないことなどから、**買取資金を調達できないことが多い**。そのため、円滑な従業員承継を実現するためには、**資金調達の成否が非常に重要である**と同時に、従業員承継の実現を阻む高いハードルとなっている。

資金調達の手法としては、①金融機関からの借入れ、②後継者候補の役員報酬の引き上げなどが一般的である。その際、親族内承継の説明箇所で述べた**経営承継円滑化法に基づく金融支援**は親族外の後継者にも利用が可能であるため、積極的な活用が期待される。

従来は、上記のとおり金融機関からの融資によって株式・事業用資産の取得資金を調達することが多かったが、近年は、一定の規模を有する中小企業の事業承継において、後継者の能力や事業の将来性を見込んで、**ファンドやベンチャーキャピタル（ＶＣ）等からの投資**によってＭＢＯ・ＥＢＯを実行する事例が増えてきている。そのスキームの流れは概ね以下のとおりであり、円滑な従業員承継を実現する環境が整ってきているといえる。

①後継者（役員・従業員）が、自己資金や金融機関からの借入れにより対象会社の株式を取得する特定目的会社（ＳＰＣ）を設立し、ファンドやＶＣがＳＰＣに出資。

②ＳＰＣが、自己資金の不足分を金融機関から借入れ。

③ＳＰＣが現経営者から対象会社株式を買い取り、対象会社を**子会社化**。
※ＳＰＣが対象会社を**吸収合併**することもある。

④対象会社からＳＰＣへの配当等により、金融機関からの借入れを返済。

従業員に株式を承継させようとする場合、買取り資金を従業員個人に与えてやろうとし、従業員の給与を増せばよいと考えるケースが多く見られます。しかし、株式の税務上の時価が著しく高くなってしまった場合、そう簡単に買取り資金を調達できるものではありません。また、従業員の給与を増やせば、それに伴う所得税負担も大きくなります。

このような場合、対象となる事業会社のキャッシュ・フローを担保として銀行から借入れを行い、その資金で株式を買い取らせる方法が最適です。これは、レバレッジド・バイ・アウト（LBO）と呼ばれ、受皿会社が借入れで調達した資金で株式を買い取り、その直後に合併することで、事業承継のための借入金を事業会社に負担させてしまう方法です。

この方法であれば、出資は小さくてもよいため、従業員に資金がほとんど無くても、高額の株式を買い取ることが可能となります。

ただし、この方法を実行した後の会社の借入金は急増し、財務内容は一気に悪化することになります。その後の財務リスクの負担には注意しなければなりません。

①現　状
オーナー
従業員
事業会社

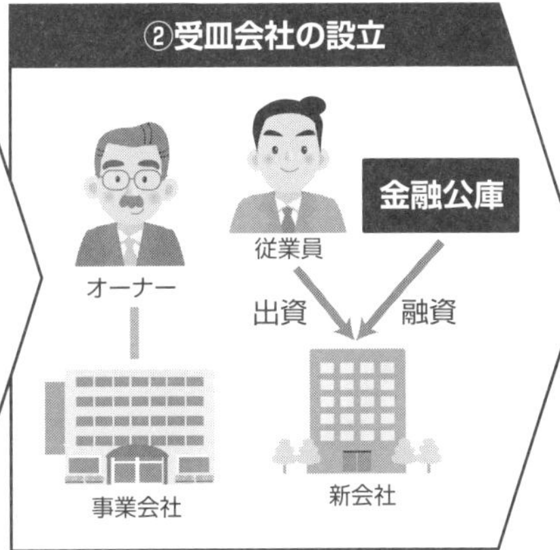
②受皿会社の設立
従業員
金融公庫
オーナー
出資
融資
事業会社
新会社

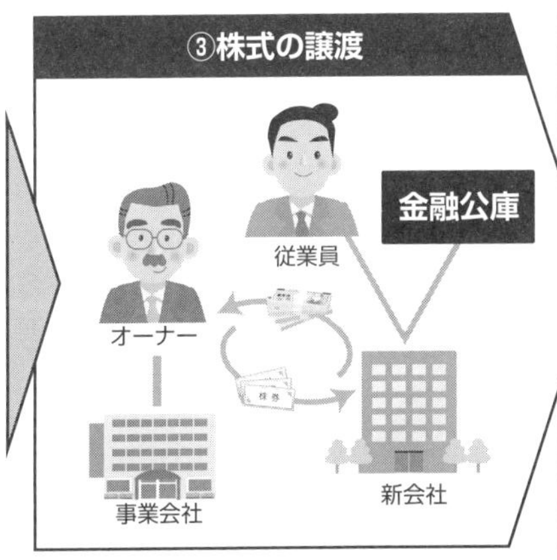
③株式の譲渡
金融公庫
従業員
オーナー
事業会社
新会社

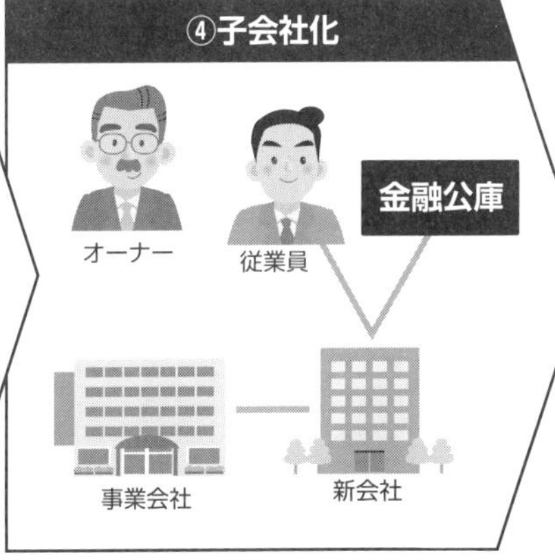
④子会社化
金融公庫
オーナー
従業員
事業会社
新会社

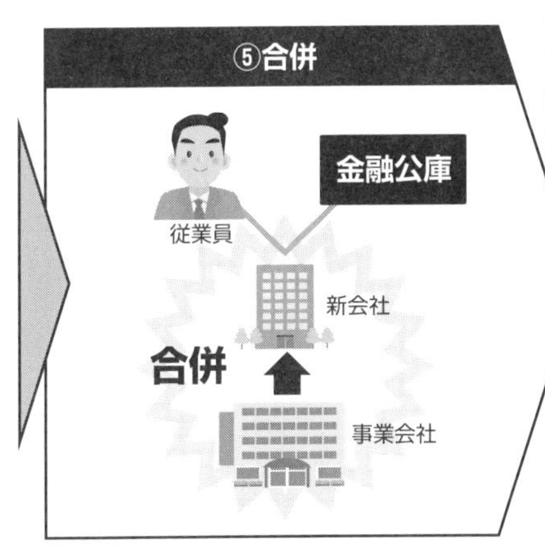
⑤合併
金融公庫
従業員
新会社
合併
事業会社

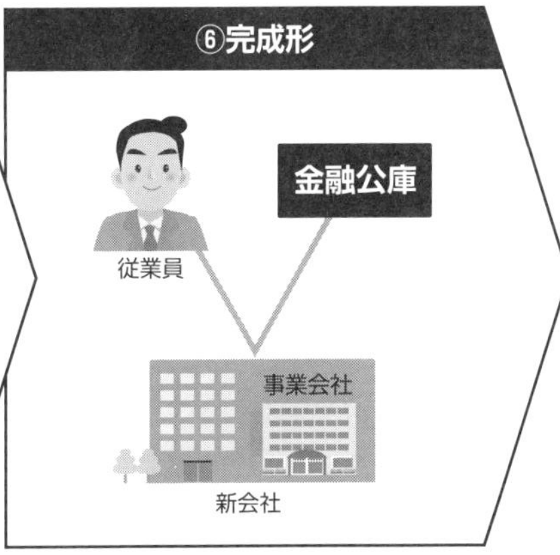
⑥完成形
金融公庫
従業員
事業会社
新会社

4 ｜株式の分散の防止

Point!

◆従業員承継において、株式が従業員に贈与された場合であっても、中小企業経営承継円滑化法に基づく民法特例を適用することができます。

ガイドライン

親族内承継の説明箇所で示した経営承継円滑化法の民法特例については、平成 28 年 4 月 1 日から**親族外後継者が贈与を受けた株式等についても遺留分減殺請求の対象から除外することが可能**となっている。本改正により、資金調達が困難であるなどの事情で従業員後継者に対する株式の贈与を選択した場合であっても、遺留分に関する特例の適用を受けることができるため、後継者が将来にわたり安定的な経営を行うための手法として活用が進むことが期待される。

5 債務・保証・担保の承継

Point!

◆従業員が現経営者の個人（連帯）保証を引き継ぐことが問題となるケースが多く見られます。事前の債務整理や経営者保証ガイドラインの活用が求められるでしょう。

ガイドライン

従業員に承継を行う場合、現経営者による個人保証の処理方法が問題になることが多い。後継者が十分な資金力を有していれば、個人保証を引き継ぐということも考えられるが、これについて、後継者の家族等が反対したために事業承継自体を断念したケースなども存在する。

専門家の助言等を得ながら、親族内承継の説明箇所で述べたような**債務整理の実施**や、**経営者保証ガイドラインの活用**等を通じて、現経営者、後継者、その他の関係者が納得できる処理方法を検討することが望ましい。

【事例 7】債権者との調整を経た従業員承継の成功事例
（債務超過であったが、弁護士の支援で金融機関との調整に成功したケース）

オーナー社長は 80 歳近くと高齢であるが親族等の後継者候補はおらず、他方で従業員は事業を続ける士気が高く、社長自身も従業員への事業承継の必要性は認識していた。ただし、大きなネックとなったのは、**金融機関からの借入金**が会社の収益力に比して過大であり、これを返済しながら事業を続けるのは酷であること、社長が金融機関の**借入金の連帯保証**をしていたが、家族と居住する無担保の自宅不動産（妻と 2 分の 1 ずつで共有していた）を所有していたことであった。

事業承継の進め方に関しては、オーナー社長、幹部社員、弁護士が鋭意協議を重ね、とりあえずは**幹部社員が出資する新会社に事業を承継させた**。その直後に弁護士が旧会社と社長の代理人として全金融機関（信用保証協会がメイン）と鋭意協議を重ね、結果的に全金融機関の同意を得て、新会社が対金融機関負債を収益力に見合った範囲で一部を承継し、社長が旧会社の資産を換価することを条件に、金融機関に対する旧会社の借入債務とオーナー社長の**連帯保証債務の免除**を受けることができた。債務免除にあたっては、近時新たな運用が始まり案件が増え始めていることで注目を集めている**特定調停手続**を活用した。また、「経営者保証に関するガイドライン」の適用を受けて、社長に自宅不動産の共有持分を残すこともできた。

事業承継後の新会社は、幹部社員である経営者の下、経営改善を着々と進め、1 期目から営業黒字を上げて業績は堅調である。

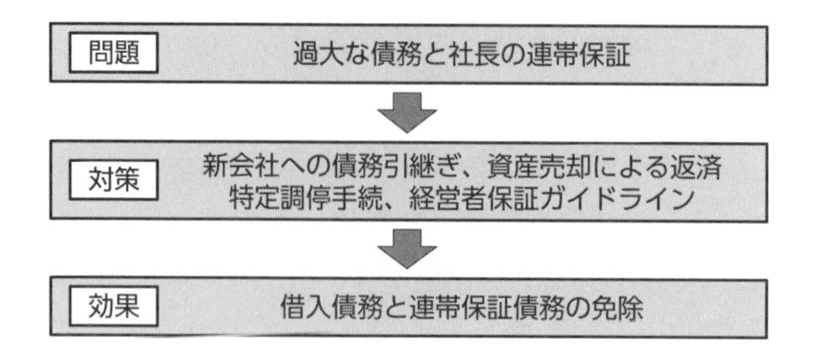

③ 社外への引継ぎ（M＆A等）の手法と留意点

1 社外への引継ぎ（M＆A等）の代表的な手法

Point!

◆事業を社外に引き継ぐ方法として、事業譲渡と株式譲渡があります。会社の経営者であれば、その会社そのものを譲渡する方法が株式譲渡、会社が運営する事業だけを譲渡する方法が事業譲渡となります。

◆株式譲渡では、対象会社の株主が変わるだけで、会社そのものは何も変わりません。簿外債務や偶発債務も当然に引き継がれることとなります。

◆事業譲渡では、譲渡する対象資産等が選別されることになるため、譲渡されなかった資産等は会社に残されることとなります。現経営者が会社の株主であることに変わりはありません。

◆個人事業主の事業引継ぎでは、事業譲渡又は個別資産の譲渡を行うことになるでしょう。

◆会社の事業引継ぎを行う際、株式交換、合併、会社分割などの組織再編を同時に行うケースが見られます。

（1）事業譲渡

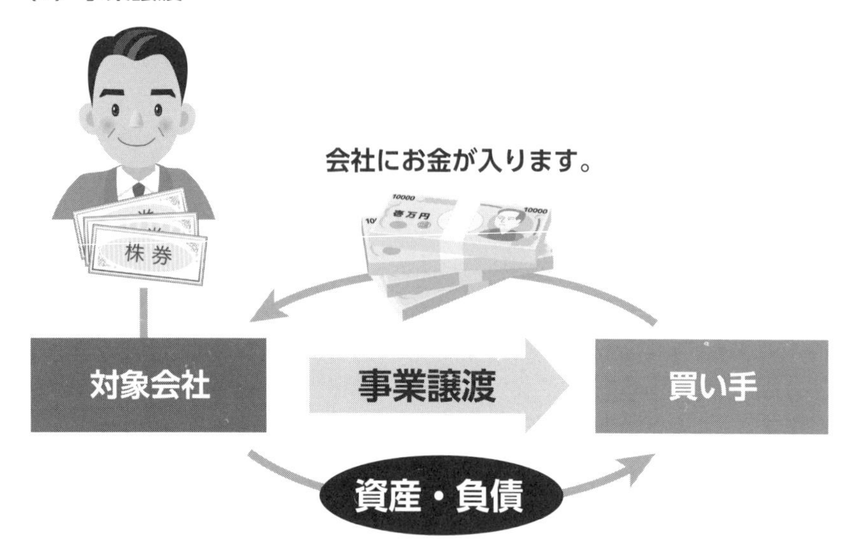
会社にお金が入ります。
株券
対象会社
事業譲渡
買い手
資産・負債

（2）株式譲渡

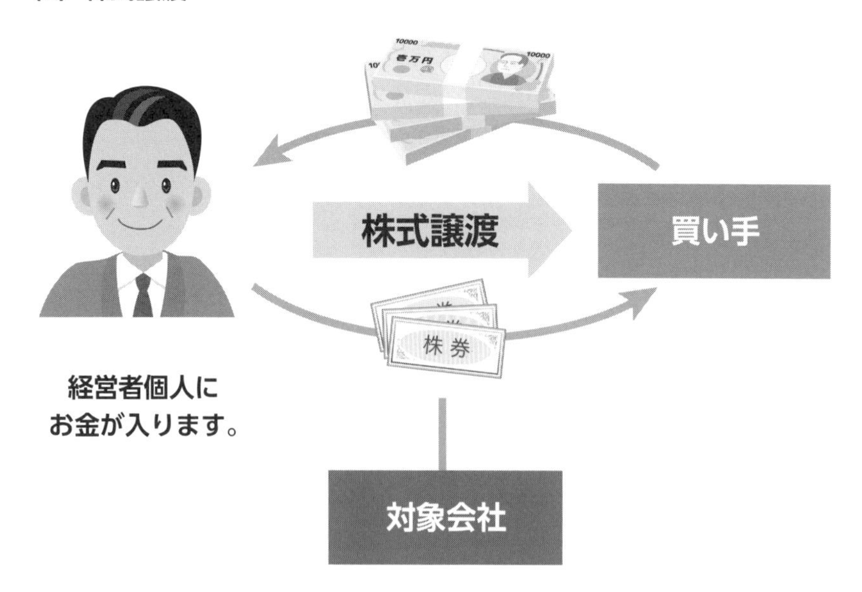
株式譲渡
買い手
株券
経営者個人に
お金が入ります。
対象会社

近年、M＆A等による事業承継、社外の第三者への事業承継が増えてきています。事業を第三者（個人、会社）へ引き継ぐ方法は「譲渡」です。すなわち、会社の場合は株式譲渡又は事業譲渡、個人の場合は事業譲渡によって引き継ぐことになります。

ただし、会社を対象とする場合、会社法上に定められる「組織再編」の手続きを併せて実行するケースがあります。例えば、複数の事業を営んでいる会社が、その中の一つの事業だけを第三者に引き継ごうとするケースでは、会社分割が行われます。また、株式譲渡と同時に、法人（会社）である買い手が、対象会社を一気に吸収して統合しようとするケースでは、合併が行われます。これらの組織再編は、事業引継ぎの方法ではありませんが、会社組織の組換えに有効です。

組織再編まで含めて「事業承継の手法」として解説されているケースが多いようですが、組織再編と事業承継は全く異なるものですので、誤解しないように注意しましょう。

	事業承継の手法	組織再編の手法
M＆A等の第三者承継 従業員承継	株式譲渡 事業譲渡	合併 株式交換 会社分割
親族内承継	贈与・相続 株式譲渡	

ガイドライン

事業承継に際して事業を社外に引き継ぐ場合、主に用いられる手法は以下のとおりである。

①会社の株式を**他の会社**に譲渡する方法（子会社化）

②株式を**他の個人**に譲渡する方法

③会社の事業を**他の会社**に譲渡する方法

④個人事業主の事業を**他の個人事業主**に譲渡する方法

このように、社外への引継ぎには、**株式譲渡**（①、②）と**事業譲渡**（③、④）という二つの手法が用いられることが一般的である。

①　株式譲渡

現経営者が所有している**株式**を第三者（後継者）に売却する手法である。この場合、売り手企業の**株主**が現経営者から買い手である第三者に変わるのみで、従業員との雇用関係や取引先・金融機関との契約関係等には変動がないため、事業承継後も円滑に事業を継続しやすいという利点がある。

ただし、**簿外債務**や現経営者が認識していない**偶発債務**等も含めて承継される点や、株式の売却価格が時価と比較して著しく低い場合、時価で売却されたとみなされて譲渡所得課税を受けるおそれがある点（みなし譲渡）等には留意すべきである。

②　事業の全部譲渡

会社や個人事業主の事業全体を売却（主として対価は現金）する手法である。個別の資産ではなく、工場や機械等に加えてノウハウや知的財産権、顧客など、事業を成り立たせるために必要な要素を対象とする。株式譲渡と異なり、**譲渡する対象資産等を特定する**こととなるため、買手にとっては予期せぬ簿外債務等を承継するリスクを低減することができる。

なお、事業譲渡の手法は、例えば個人事業主が、起業家を後継者候補として、財産や知的資産等を承継する（個人への引継ぎ）際にも有効である。

③　事業の一部譲渡

会社が行っている事業全体のうち、個別の事業を売却（主として対価は現金）する手法である。株式譲渡等と比較すると、**譲渡の対象資産が選別される**ため、従業員との雇用関係や買い手にとって不要な資産は引き取ってもらうことができない場合も生じることがある。他方で、買い手の見つかりやすい事業・資産を選別することや、現経営者が手元に残したい事業・資産を選別することが可能であり、柔軟性の高い手法である。

なお、譲渡しなかった部分は現経営者の手元に残ることとなるため、事業の全体の承継が完了するわけではない点に留意が必要である。

〈参考〉M&Aで用いられるその他の手法

M&Aにおいては、株式譲渡・事業譲渡の他、以下の手法が用いられることもある。これらの方法によった場合、現経営者は他社の株式を取得することとなり、会社経営から完全に離脱することはないため、**別途株式譲渡等の手法によって事業承継を完了させる必要がある**ことに留意すべきである。

① 株式交換

自社の株式と他社の株式を交換する手法である。株式交換を行うことで二つの会社が完全親子関係を構成することとなるため、株式譲渡と同様、雇用関係や契約関係等には変動を来さない。株式交換後に存続する会社からすれば、手元資金がない状態でも、金庫株の活用や新株の発行により他社を傘下に収めることができるという利点がある。

② 合併

会社の全資産・負債、従業員等を全て他の会社（合併存続会社）と統合する手法である。例えば吸収合併の場合、売り手の企業（吸収合併消滅会社）は吸収合併存続会社に吸収されることとなる。

③ 会社分割

複数の事業部門を持つ会社等が、その一部を切り出してこれを他の会社に売却する手法である。

例えば、食品の製造・販売を行なっている会社が、特定の事業に組み込まれている貸地、貸家、マンションなどの不動産を手元に残し、食品部門を他に売却するようなことも可能である。このように、買い手の見つかりやすい事業を分割対象にすることや、現経営者が手元に残したい事業を選別することなどができ、柔軟性の高い手法である。

なお、分割後も残された事業は存続することとなるため、事業承継の場面では、分割後清算を行うなどの処理が必要となる。他方で、会社分割は複数の後継者への事業承継時にも活用可能となる。

2 | M＆Aの手続き

Point!

◆M＆Aの手続きは、①準備（見える化、磨き上げ）、②実行、③M＆A後（ポストM＆A）の３段階に分けて考えることができます。

◆ポストM＆Aの段階では、引き継がれた事業の統合を円滑に進めるため、旧経営者が一定期間顧問等として会社に残って手伝うことも必要となるでしょう。

M&Aの手続きの流れ

1	準備（見える化、磨き上げ）
↓	
2	実行
↓	
3	ポストM&A

ガイドライン

M＆Aの手続きは、計画・調査等を行う**準備（見える化、磨き上げ）の段階**、**実行の段階**、**M＆A後（ポストM＆A）**という3段階に分かれる。以下では、実行段階、M＆A後（ポストM＆A）の段階について触れることとする。

① M＆Aの実行段階

ここでは、簡単なフロー図（図表22）を紹介することとするが、具体的なフロー及びその着眼点については事業引継ぎガイドラインを参照されたい。

図表22：M＆Aのフロー図

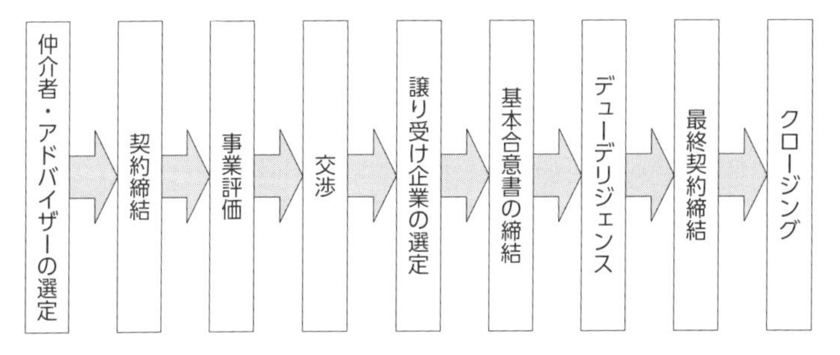

② M＆A後（ポストM＆A）

M＆Aにおいては、その実行を最終目的とするのではなく、その後、いかに経営統合を円滑に進め、**統合の効果（＝シナジー）を最大化**してゆくかという視点が重要である。

売り手側企業の役員・従業員や知的資産等を円滑に承継していくためには、売り手・買い手両社の合意のもとに、売り手企業の**旧経営者がM＆A実施後に一定期間顧問等として会社に残る**ことも有効である。

3 M&Aにおける企業評価

Point!

◆企業価値評価の方法は、①時価純資産を基準とするもの、②将来収益力（キャッシュ・フロー）を基準とするもの、③市場相場を基準とするものなど3つに大別されます。

◆最終的には売り手と買い手との間の交渉で決定された金額が実際の企業価値となります。企業価値評価による机上の算定結果は、理論上の数字に過ぎませんので、交渉の目安の一つであることに留意しましょう。

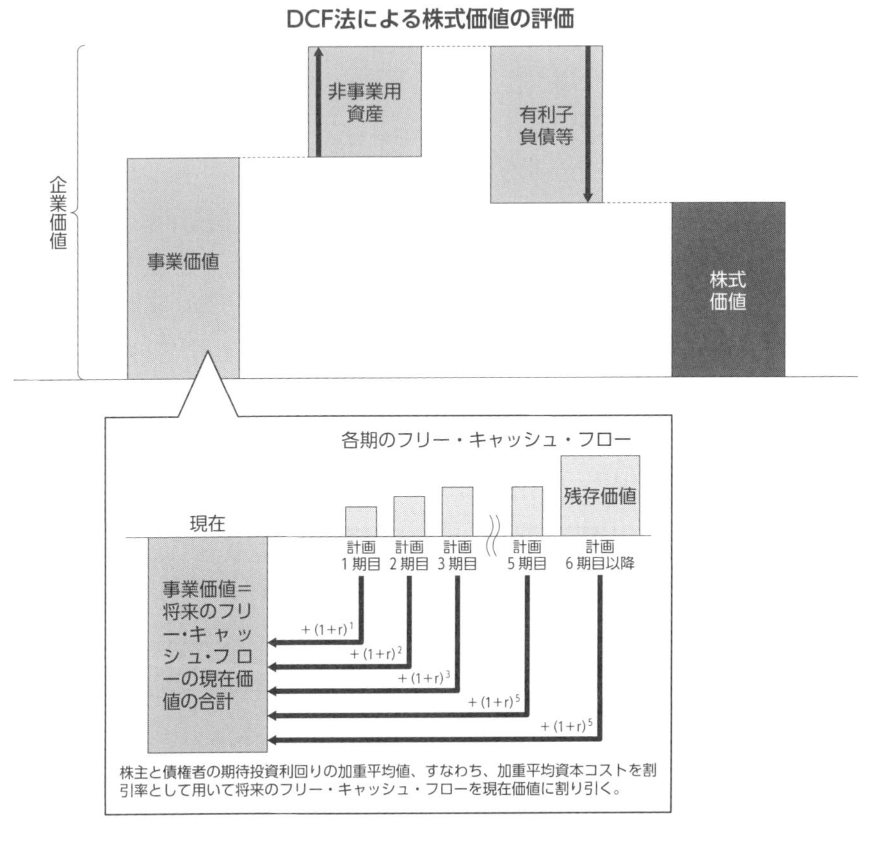

Ｍ＆Ａにおける株式の売買価額は、売り手と買い手との交渉によって決まりますが。高額な投資を実行することになる買い手は、投資回収計算を事前に行わなければなりません。これが事業価値の計算です。つまり、対象企業の事業が将来生み出すキャッシュ・フローを予測し、その現在価値をもって、その事業の価値を評価するのです。その一方で、会社には現預金や投資有価証券など事業に供されていない資産、有利子負債などマイナス部分もありますから、それらを加算・減算します。その結果として算出される正味の企業価値が株主に帰属する「株式価値」ということになります。

ここでは、将来キャッシュ・フローの予測がポイントとなります。通常は３年から５年分の損益を予測し、それ以降の期間は最終年度が永久に続くものという仮定で、最終年度末の残存価値を評価します。

この価値評価は、将来の事業性をどのように見るか、将来どのような経営を行うかによって評価額は変わることになります。強気で楽観的な経営者であれば、将来の成長を予測し、高い株式価値で評価するでしょう。しかし、弱気で悲観的な経営者であれば、将来の成長は見込まないで、低い株式価値で評価することになります。また、企業経営が上手な経営者が買い手となれば、将来の成長可能性が高くなりますから、高い株式価値で買い取っても、投資回収できるはずです。しかし、企業経営が下手な経営者が買取る場合は、安い株式価値にしておかないと投資に失敗することになるでしょう。

ガイドライン

M&Aにおいて、企業価値を評価する方法は、①**時価純資産**に着目したもの、②**収益やキャッシュ・フロー**に着目したもの、③**市場相場**に着目したもの等があげられる。また、M&A実施の可能性を検討するにあたって、中小企業の企業価値を簡易に算定する方法として、時価純資産による方法や、時価純資産にのれん代（年間利益に一定年数分を乗じたもの）を加味した評価方法等が用いられることが多い。

ただし、企業価値は、算定する業種や事業規模、競争環境、市場の成長性等の要因によって大きな影響を受けること、また、実際の譲渡価格は、譲り受け側の資産状況やM&Aの緊急度、重要度等によっても左右されることから、**算定結果は、あくまでも価格交渉における目安の一つであること**に留意する必要がある。

なお、M&Aにおける企業価値評価においては、相続税等を計算するための株価評価とは大きく異なる金額となることが一般的であるため、留意すべきである。M&Aにおける企業価値を簡易に知る方法として、M&A支援を専門に行う民間企業等が提供している、無料で概算の評価額を試算するサービスを利用することも有用である。

4 | 情報管理の徹底

Point!

◆M＆A等を実施する際、秘密を保持し、情報漏洩を防止することが極めて重要です。

ガイドライン

最後に、M＆Aを実施する上では、適切に秘密を守り、情報の漏洩を防止するかということが極めて重要である。取引先等の第三者に対してはもちろん、**親族や社内の役員・従業員に対しても、知らせる時期・内容については十分に注意する**必要がある。

手続きの途中で情報が漏洩した結果、それまで順調に進んでいたM＆Aが突然破談になってしまった事例も少なからず存在する。

5 ｜社外への引継ぎに関する相談先

Point!

◆社外への引継ぎに関する相談先として、国が運営する「事業引継ぎ支援センター」があります。

◆民間では、士業等の専門家、M＆A仲介会社からサービスを受けることもできます。

東京都事業引継ぎ支援センターとは？
中小企業のM&Aを支援する公的相談窓口です。

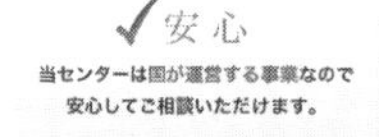

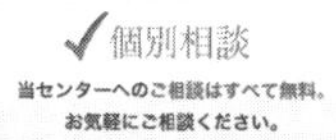

ガイドライン

社外への引継ぎに関する相談先としては、国の運営する**「事業引継ぎ支援センター」**が、窓口相談や後継者不在の中小企業に対するマッチング支援等の事業を行っている。また、既にマッチングが完了している場合には、中小企業の具体的な事情や現経営者の希望等により適切な手法は異なるため、早期に弁護士等の専門家に相談すべきである。

その他、近年は民間のM＆A仲介会社等が中小企業向けサービスを多く提供しているため、自社の状況に合わせた相談・依頼先を選定するよう留意すべきである。

第４章

事業承継の円滑化に資する手法

① 種類株式の活用

1 ｜種類株式の概要

（想定される利用者 → 会社）

Point!

◆種類株式とは、定款によってその種類ごとに異なる内容を定めた株式のことをいいます。

◆無議決権株式など議決権が異なる種類株式を定めることができ、事業承継に活用することができます。

株主総会決議事項

	定足数	決議要件	決議事項
普通決議	議決権の過半数	出席者の**過半数**の賛成	・役員選任 配当、自己株取得 ・減資（資本準備金）
特別決議	議決権の過半数	出席者の **2/3** の賛成	・監査役の解任 ・株式有利発行（第三者） ・減資（資本金） ・定款変更 ・組織再編
特殊決議	株主数の過半数	発行済の 2/3 の賛成	譲渡制限の設定及び変更
	総株主の同意		損害賠償の免除

ガイドライン

平成 18 年に施行された現行会社法によって、種類株式活用の可能性が大きく広がった。会社の個別的なニーズに対応して、様々な活用方法が考えられる。近年、事業承継の円滑化を目的とした種類株式の活用が広がってきており、目的に即した有効活用が望まれる。

種類株式とは、定款によってその種類ごとに**異なる内容**を定めた株式であるが、会社法では、以下の事項について異なる内容を定めることができるとされている（会社法第 108 条）。

異なる内容を定める事項	例
剰余金の配当	普通株式よりも優先して一定の剰余金の配当を受けることができる優先株式、逆に劣後する劣後株式など
残余財産分配	会社が破産又は清算した時の残余財産について、普通株主よりも優先して分配を受けることができる優先株、劣後する劣後株など
議決権を行使することができる事項	議決権を全く持たない無議決権株式や、取締役選任権のみを有する株式など
株式の譲渡	株式の譲渡について会社の承認を必要とする譲渡制限種類株式
株主から会社への取得請求権	株主が会社に対し、当該株主の保有する株式の買取を請求することができる取得請求権付種類株式など
会社から株主への取得請求権	株主の保有する種類株式について、一定の事由が生じたことを条件として、会社が強制的に当該株式を買い取ることができる取得条項付種類株式など
株主総会特別決議による当該種類の株式全部の強制取得	株主総会特別決議により、強制的に当該種類の株式全部を会社が取得できる全部取得条項付種類株式など
株主総会決議事項等に関する拒否権	株主総会・取締役会決議事項について、当該種類の種類株主総会における承認決議を必要とする拒否権付種類株式など
種類株主総会での取締役等の選解任	種類株主総会において取締役・監査役等を選解任することができる選解任種類株式など
株主ごとの異なる取扱い（種類株式ではない）	ある特定の株主についてのみ、1 株 1 議決権の原則の例外を定めることなど（A株主が所有している株主については 1 株 100 議決権とする、など）

上記の「株主ごとの異なる取扱い」については、近年、**認知症等により現経営者の判断能力が低下した場合への対応策**としても注目されている。

具体的には、例えば株式の大半を後継者に生前贈与し、先代経営者は1株だけ保有している状態において、先代経営者が株主である限りは議決権を100個とする、としておき、さらに「(先代経営者) が医師の診断により認知症と診断された場合においては、議決権は1個となる」旨を定めておけば、会社の意思決定に空白期間が生ずることを防止することができるのである。

なお、「株主ごとの異なる取扱い」は種類株式と異なって登記されないため、外部からその存在や内容を知られることがないというメリットもある。

2 事業承継における種類株式の主な活用方法

Point!

- ◆議決権制限株式は、後継者に株式を集中させ、遺留分減殺請求による株式分散リスクを低減させることができます。
- ◆取得条項付種類株式は、ある一定の条件を満たした際に会社が株式を買い取ることによって、株式分散を防止することができます。
- ◆譲渡制限株式は、株式譲渡に会社の承認を必要とするもので、現在多くの中小企業が全株を譲渡制限株式としています。

後継者には普通株式（議決権のある株式）を承継させ、後継者ではない子供には無議決権株式（議決権のない株式）を承継させることによって、後継者に議決権を集中させることができます。

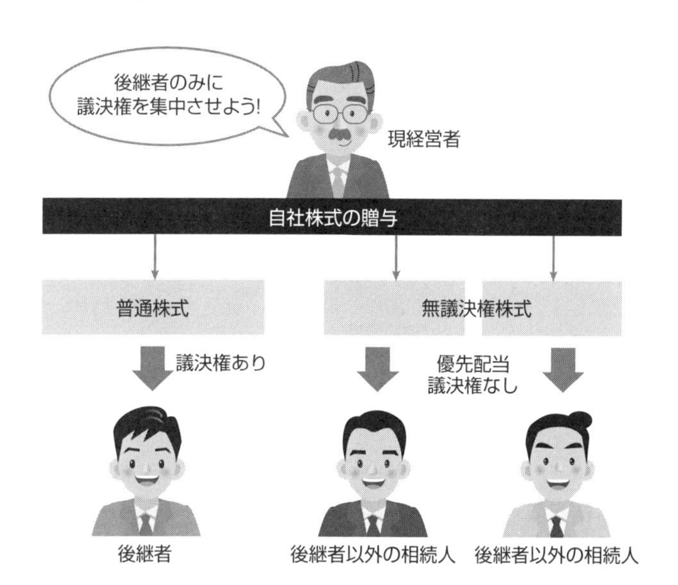

株価が低い時期に株式の大部分を後継者に贈与しておき、その後、1株だけ拒否権付き株式（黄金株）を先代経営者が保持しますと、事業承継の完了後も会社の支配権を握りつづけることが可能です。ただし、後継者の経営意欲を阻害するというデメリットが大きいため、節税効果のメリットとの比較が必要でしょう。

ガイドライン

① 議決権制限種類株式

先代経営者の相続財産の大部分を株式が占める場合、後継者に株式を集中させると、他の相続人から遺留分の主張が行われる可能性がある。そのため、**後継者には普通株式を相続させ、他の相続人には無議決権株式を相続させる**ことで、遺留分減殺請求による株式（議決権）分散リスクの低減を図ることが考えられる。

② 取得条項付種類株式

一般に、経営者以外の株主が死亡した場合、相続により株式が分散してしまうことがある。そこで、「株主の死亡」を取得条項における条件としておくことで、**株主が死亡した場合には会社がこれを買い取る**こととし、株式の散逸を防止することができるのである。ただし、取得対価は分配可能額による財源規制を受けるため、注意が必要である。

③ 譲渡制限株式

当該種類の**株式の譲渡について会社の承認を必要とする**種類の株式であり、現在では多くの中小企業が、すべての株式を譲渡制限株式としている（そのような会社を「株式譲渡制限会社」という）。

これにより、例えば経営者以外の者がその保有する株式を、経営者にとっては望ましくない第三者に売却しようとした場合、会社（株主総会や取締役会）はこれを承認しない判断をすることにより、株式の分散を防止することができるのである。

3 | 種類株式の導入手続き

Point!

◆種類株式を導入するには、株主総会の特別決議による定款変更が必要となります。

種類株式導入による定款変更のイメージ

最初の定款

原始定款

※変更しない

株主総会の特別決議

議事録作成

会社に保存

変更登記

法務局

法務局にて定款変更の登記

ガイドライン

株主総会の特別決議による**定款変更**が必要である。一例として、譲渡制限株式を発行する場合の定款記載例を紹介する。

> （株式の譲渡制限）
> 第○条、当会社の発行する株式の譲渡による取得については、取締役会の承認を受けなければならない。ただし、当会社の株主に譲渡する場合は、承認をしたものとみなす。

なお、**既発行の普通株式を種類株式に変更することも可能**ではあるが、当該株主の利益を害するおそれがあるため、**全株主の同意**が必要であるとされている。

種類株式の活用にあたっては、自社の状況や経営者の希望、株主の利益に配慮した適切な設計と慎重な導入手続きが不可欠である。また、種類株式の承継等に関する税務上の取扱いが明確でない部分も存在するため、早期に弁護士・税理士等の専門家に相談すべきである。

② 信託の活用

（想定される利用者 → 会社・（個人事業主））

1 | 信託の概要

Point!

◆事業承継のために非上場株式を信託する方法があります。

ガイドライン

平成 18 年の信託法改正により、事業承継において信託を活用できる幅が大きく広がった。信託は、信託契約の定め方によって自由な設計が可能であるところにその特徴があるため、事業承継に際しても、先代経営者や後継者の希望に沿った財産の移転が可能となった。

事業承継に際して活用される信託の典型として、**「遺言代用信託」**がある。これは、**先代経営者が死亡した場合の株式の承継について定めるもの**で、その名の通り、遺言の作成に代わる手法として注目されている(図表 23)。

なお、前述した「株主ごとの異なる取扱い」の他に、信託も、認知症等による経営者の判断能力低下への対応策として注目されている。

具体的には、**先代経営者の意思が確かなうちに、自社株式等についての信託契約を締結し、その管理権限を受託者（後継者など）に移転しておく**ことによって、**本人が認知症等になった場合の財産管理への影響を低減する**ものである。この場合、信託財産は契約に基づいて管理されるため、先代経営者の意思が尊重されることにも特徴がある。

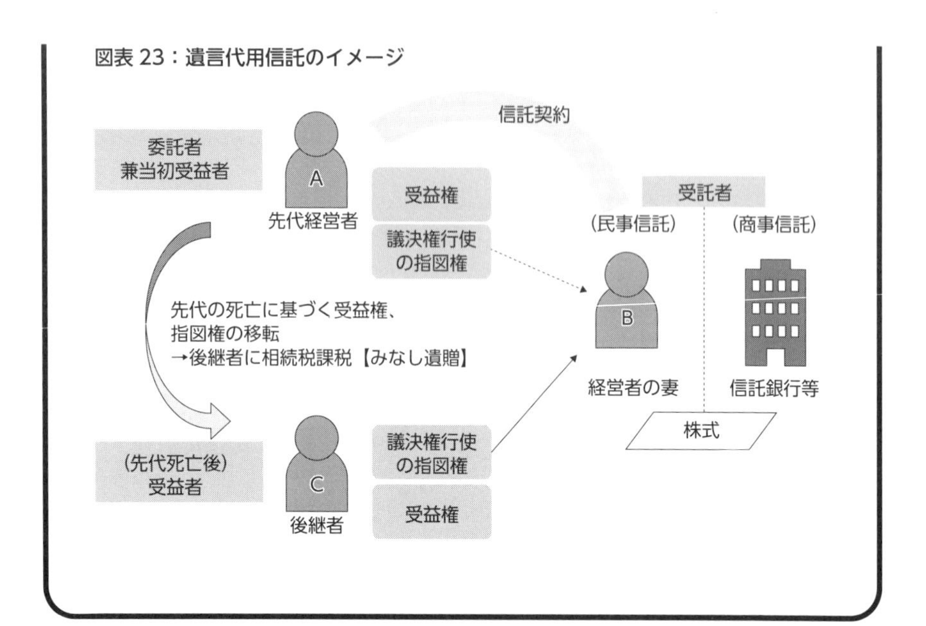
図表 23：遺言代用信託のイメージ
信託契約
委託者
兼当初受益者
A
先代経営者
受益権
議決権行使
の指図権
受託者
（民事信託）
（商事信託）
B
経営者の妻
信託銀行等
先代の死亡に基づく受益権、
指図権の移転
→後継者に相続税課税【みなし遺贈】
株式
（先代死亡後）
受益者
C
後継者
議決権行使
の指図権
受益権

2 | 信託の種類と事業承継における機能

Point!

◆遺言代用信託を活用することによって、相続時に後継者が確実に経営権を取得することができます。

◆信託を活用することによって、議決権行使の指図権を分離して移転させることができます。

◆後継ぎ遺贈型受益者連続信託によって、後継者の次の後継者を定めておくことができます。

民事信託のイメージ（家族に株式を預ける）

認知症のおそれがあるため、父親の所有していた株式を長女が預かることとしました。

この場合、受益者は委託者と同一人物になっていますが、第三者でも構いません。

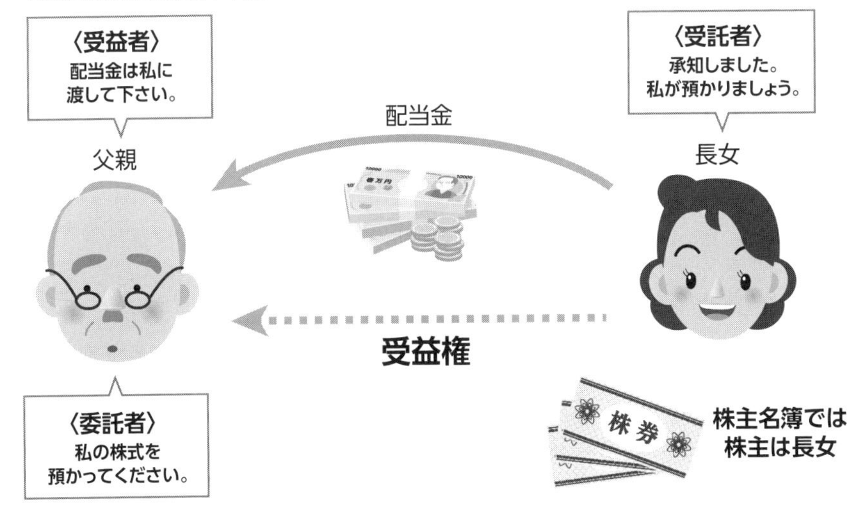

「信託」とは、財産を持っている方（委託者）が信託行為（遺言・信託契約等）によって、信頼できる人（受託者）に対して現金・不動産・有価証券などの財産を移転し、一定の目的（信託目的）に沿って誰か（受益者）のためにその財産（信託財産）を管理・処分する法律関係のことをいいます。

ガイドライン

① 民事信託と商事信託

信託は、その受託者を誰にするかによって、民事信託（家族信託）と商事信託の二つに大別できる。民事信託の場合は受託者について基本的に制限はないが、商事信託においては信託業法による厳格な規制を受ける信託会社（信託を業として行う者であり、内閣総理大臣の免許又は登録を受ける必要がある。）が受託者となる。

② 遺言代用（型）信託

遺言代用信託とは、経営者がその生前に、自社株式を対象に信託を設定し、信託契約において、自らを当初の受益者として、**経営者死亡時に後継者が議決権行使の指図権と受益権を取得する旨を定める**ものである。

これにより、①経営者が生前に後継者たる子による受益権の取得を定めることにより、**後継者が確実に経営権を取得できる**、②受託者による株主の管理を通じて、先代経営者が第三者に株式を処分してしまうリスクを防止することができる、③**先代経営者の死亡と同時に後継者が受益者となることから、遺産分割等による経営の空白期間が生じない**、といったメリットを享受できると指摘されている。

③ 他益信託

他益信託とは、経営者が信託契約において後継者を受益者と定めつつ、議決権行使の指図権については経営者が保持する旨を定めるものである。経営者は議決権行使の指図権を引き続き保持することにより経営の実権を握りつつ、後継者の地位を確立させることができ、また**議決権行使の指図権の移転事由などについて、経営者の意向に応じた柔軟なスキーム構築が可能**である。

④　後継ぎ遺贈型受益者連続信託

後継ぎ遺贈型受益者連続信託とは、経営者が自社株式を対象に信託を設定し、信託契約において、後継者を受益者と定めつつ、当該受益者たる後継者が死亡した場合には、その受益権が消滅し、次の後継者が新たに受益権を取得する旨を定めるものである。これにより、先代経営者は**後継者の次の後継者を定めておく**ことができ、柔軟な事業承継を実現することができる。

ガイドライン

民事信託・商事信託のいずれを採用するかによっても異なるが、いずれにしても**法務・税務両面からの具体的な検討**が不可欠である。また、民法との関係や税務上の取扱いが明確でない部分も存在するため、早期に弁護士・税理士等の専門家や信託会社の窓口等に相談すべきである。

③ 生命保険の活用

（想定される利用者 → 会社・個人事業主）

1 | 事業承継における生命保険の活用

Point!

◆納税資金や引退後の生活資金を確保するための手段として生命保険を活用することができます。

ガイドライン

前述のとおり、事業承継に際しては**納税負担や引退後の生活資金の確保**等の課題に直面することとなる。近時、これらの課題への対応策として、生命保険の活用が注目されている。

生命保険の活用方法は主に以下のとおりであるが、ここまでに述べた各手法と組み合わせることで、事業承継における課題への柔軟な対応が可能となる。他方で、契約者や被保険者、保険料の支払方法や保険金の受取方法の定め方によって得られる効果が異なってくるため、生命保険を活用する目的に応じた適切な保険契約を締結する必要がある。長期間の保険料の支払いを前提とする場合もあるため、早期に専門家等へ相談すべきである。

2 | 資産の承継における生命保険金の活用

Point!

◆相続時には、死亡保険金に一定の非課税枠があるため、節税効果があります。また、死亡保険金を納税資金に充てることができます。

◆死亡保険金は遺産分割の対象とならず、また、遺留分算定基礎財産に含まれないため、受取人である相続人は死亡保険金を確実に受け取ることができます。

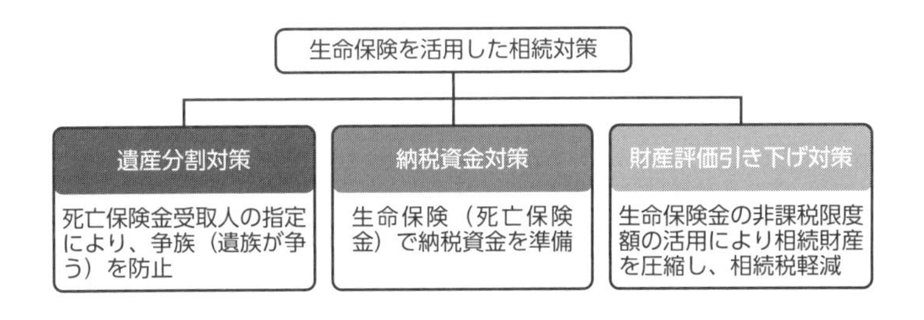

ガイドライン

まず、先代経営者が死亡した場合に支払われる死亡保険金には、相続税の計算上**一定の非課税枠**があるため、これを相続税負担の軽減に活用することが考えられ、受け取った保険金を納税資金に充てることもできる。

また、指定された死亡保険金受取人が受け取った死亡保険金は原則として**遺産分割の対象とならず、遺留分算定基礎財産にも含まれない**というメリットもある。これにより、後継者は死亡保険金を確実に受け取ることができ、これを**納税資金や株式・事業用資産の買取資金**として活用することができる。

このように生命保険は、納税負担や遺産分割、遺留分といった課題に対応するための手法として活用することができる。

3 ｜生命保険のその他の活用方法

Point!

◆現経営者の引退後の生活資金を確保するために、年金型の生命保険を活用することができます。

◆会社が現経営者の退職金や自社株買取資金を準備するために、会社を死亡保険金の受取人とした生命保険を活用することができます。

◆死亡保険金は相続発生直後に速やかに受取人に支払われるため、株式買取りなど後継者の資金需要に確実に対応することができます。

個人年金保険のイメージ

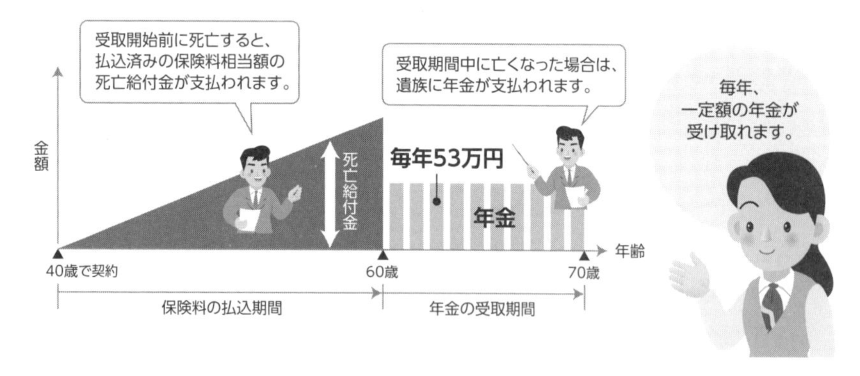

死亡保険金と遺産分割

ガイドライン

まず、事業承継時に現経営者が直前する課題として、**現経営者の引退後の生活資金の確保**が挙げられる。例えば**年金型の生命保険**を活用することによって、かかる課題を一定程度解消することが考えられる。

一方、会社においても、現経営者の死亡に伴い、**死亡退職金の支払いや自社株買取資金**等を準備する必要が生ずる。このような事業承継に伴う資金需要についても、**会社を死亡保険金の受取人とした生命保険**を活用することによって対応することが可能である。

さらに、後継者等の相続人にとっては、たとえ死亡した先代経営者が現預金等の流動資産を保有していたとしても、相続発生直後に現預金等を上記の資金需要に充てることは、遺産分割等との関係で困難である場合が多い。この点、**死亡保険金は速やかに保険受取人に支払われるため、相続発生直後の資金需要に活用できる**というメリットがある。

4 │ 持株会社の設立

（想定される利用者 → 会社）

Point !

◆株式の承継は、贈与又は相続が基本ですが、譲渡（買取り）も選択肢の１つとして考えられます。

◆後継者が金融機関から融資を受け、この資金によって現経営者から株式を買い取るという手法があります。これにより、現経営者が所有する株式を後継者へ移転することができます。

◆現経営者は、結果として現金を所有することになりますが、自社株式の承継の問題から解放されることになります。ただし、現金に係る相続税負担の問題が残るため、この手法による節税効果はありません。

◆株式を買い取る方法によれば、金融機関の返済が重く、事業承継の後に資金繰りの問題が発生するおそれがあるため、慎重に検討すべきでしょう。

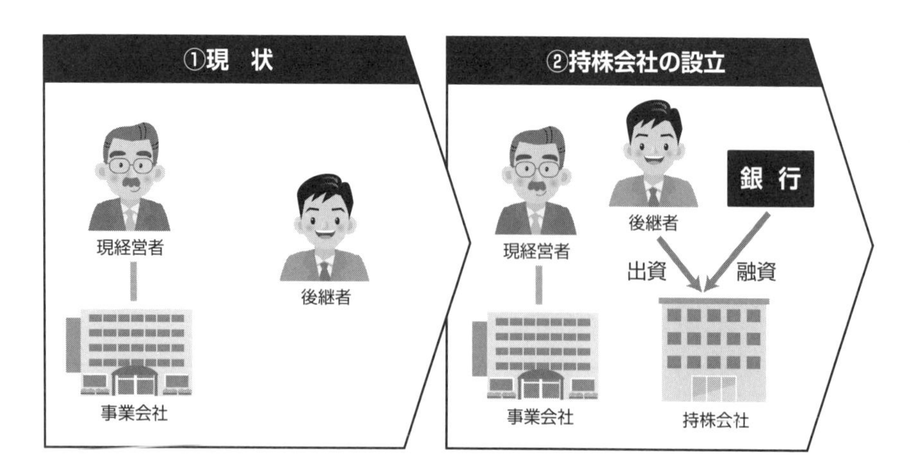

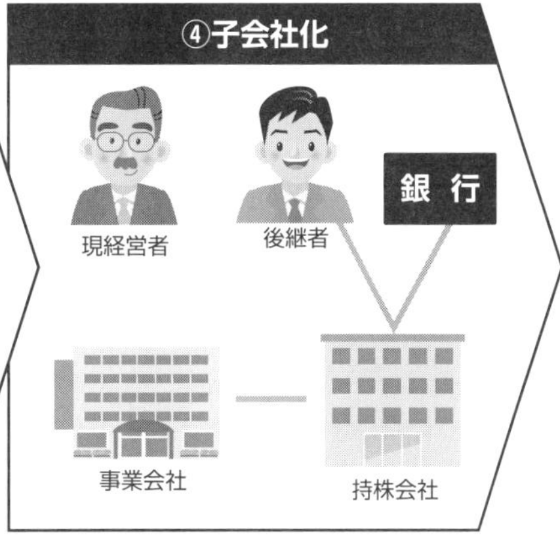

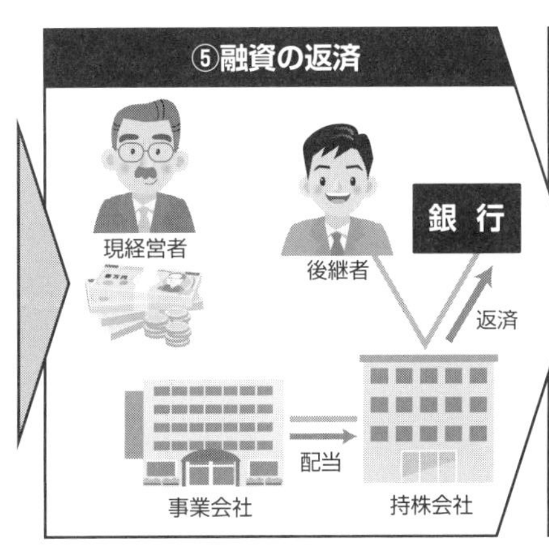

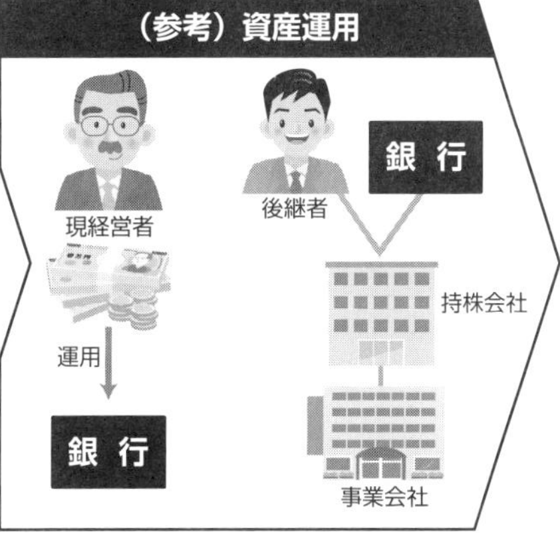

この承継スキームは、主として大手都市銀行（及びその系列の証券会社やコンサルティング会社）が提案する事業承継の方法であり、大手都市銀行は、株式買取資金の融資と、株式売却代金の資産運用（投資信託等の商品購入）を獲得することを目的としています。

株式買取りスキームと銀行の収益

▶このスキームの本質は、自社株式を担保として現金を借り入れてそれを金融商品で運用するというものです。

▶銀行にとってみれば、利息収益と手数料収益の両方から稼ぐことができ、極めて収益性の高い取引となります。

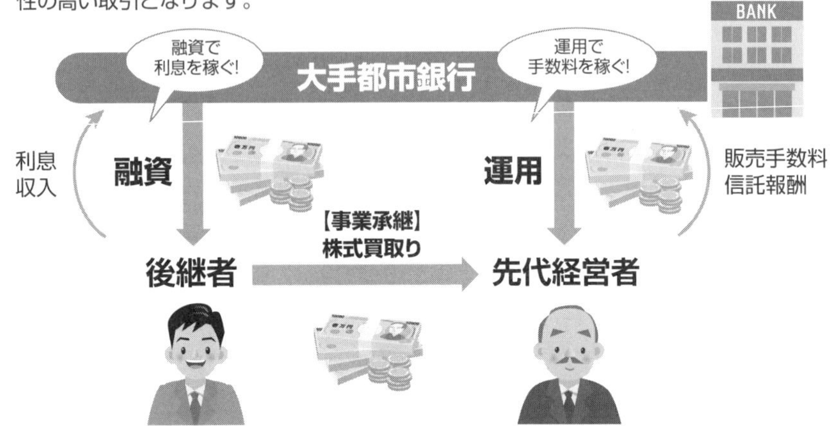

この承継スキームは、株価が低い時期に後継者へ移転させることができ、それに伴う税負担を軽減することができること、後継者に自社株式を集中させても遺留分の問題が伴わないことというメリットがあり、事業承継の方法としては極めて有効です。

しかし、先代経営者が多額の手元現金を保有することとなるため、それに伴う相続対策が問題となります。この現金を金融商品で運用するとすれば、多額の相続税負担を伴うことから、承継スキーム全体としてみれば個人財産は減少することになるでしょう。

一方、後継者は株式買取資金のために調達した多額の借入金の返済が問題となります。会社は財務体質は一気に悪化することになるため、一時的に赤字になれば、会社の資金繰りが悪化し、返済が困難になるおそれがあります。

ガイドライン

近年、事業承継に際して持株会社を利用したスキームが用いられる事例が多くなってきている。このスキームは、後継者が持株会社を設立し、事業会社からの配当による返済を前提として金融機関から融資を受け、この資金によって**現経営者から株式を買い取る**といった手法である。この場合、持株会社が事業会社の株主となり、現経営者のもとには株式売却の対価として現金が残ることとなる。

同スキームを活用すると、先代経営者が死亡した際には**株式ではなく現金が相続されるため**、遺産分割対策として、**株式の分散を防止できる**といったメリットがあると言われている。

一方、現経営者が株式を持株会社に譲渡する際、譲渡所得税等の課税を受ける可能性があり、さらに、譲渡所得税等を差し引いた現金について後継者への相続時に相続税の課税を受けることになるため、持株会社スキームでは**相続税の軽減効果は期待できない**との指摘がある。

また、**事業会社から持株会社への配当を金融機関への返済原資に充てる**ことを前提としているため、事業会社の業績悪化等により分配可能額（会社法上、剰余金の配当・自己株式の取得は、分配可能額の範囲内でのみ行うことができる（会社法第461条)。決算日における剰余金（資産の額に自己株式の帳簿価額を加え、負債の額と資本金および準備金の額、その他法務省令で定める各勘定科目に計上した額の合計額を控除した額）をベースに、期中の剰余金の増減を反映した額）が必要な配当額を割り込んだ場合、返済が滞ってしまうリスクがあることにも留意すべきである。

また近時は、必ずしも当事者の個別の状況に適さない持株会社スキームが利用された結果、後日資金繰りに問題が発生するといった事例が報告されている。当然、持株会社を活用した事業承継が一般的に問題であるということではないが、同スキームに内在するリスクに留意の上、弁護士・税理士等の専門家への相談等を通じて真に当事者にとって有益な手法を選択すべきである。

第５章

個人事業主の事業承継

① 個人事業主の事業承継における課題と対応

ガイドライン

個人事業主であっても、その承継に際しては、会社形態の場合と概ね同様の課題が存在する。

ただし、個人事業主の場合、**経営者が「その名」において事業を行い、取引先や顧客との契約関係を持ち、事業用資産を「自ら」所有している**ことに、「経営権」の本質があると考えられる。従って、真に経営の承継を実行するには、前述のとおり形式的に「開業届」「廃業届」を提出するにとどまらず、それら**契約関係・所有関係の承継**が不可欠なのである。この意味で、個人事業主においては「人（経営）の承継」と「資産の承継」が表裏の関係にあるといえる。

1｜人（経営）の承継

Point!

◆個人事業主の事業承継の約９割は、親族内承継です。

◆個人事業主は、早期に親族内の後継者を確保すること、後継者候補が承継したいと思えるような経営を行うことが必要です。

個人事業主

ガイドライン

個人事業主と先代経営者の関係について、中小企業庁の実施した調査によれば、先代経営者の子であるとの回答が 81.1%を占めるなど、**親族内承継が約 9 割**に達した（図表 24）。会社形態の中小企業における近時の状況と比較すると、親族内承継の割合の高さが顕著である。

図表 24：個人事業主と先代の関係 ㈱帝国データバンク「中小企業における事業承継に関するアンケート・ヒアリング調査」（2015 年 2 月）再編加工）

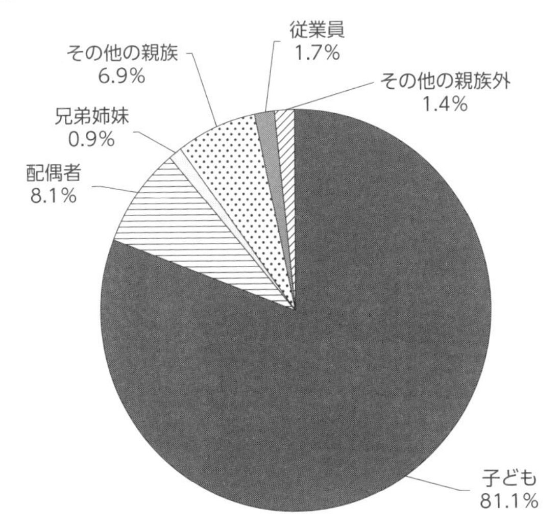

このような実態を踏まえると、個人事業主においては、**早期に「親族内」の後継者を確保すること**が重要であり、**後継者候補が「事業を承継したい」と思えるような経営状態を確保すること**が不可欠であると考えられる。

後継者育成の手法としては、自社内で経験を積む内部昇格のパターンが 64%と多く、他社経験を経るパターンも 54%存在する（図表 25）。業種等の事情に応じて、適切な経験を積ませる必要があるものと考えられる。

図表 25：個人事業主の就任経緯 ㈱帝国データバンク「中小企業における事業承継に関するアンケート・ヒアリング調査」（2015 年 2 月）再編加工）

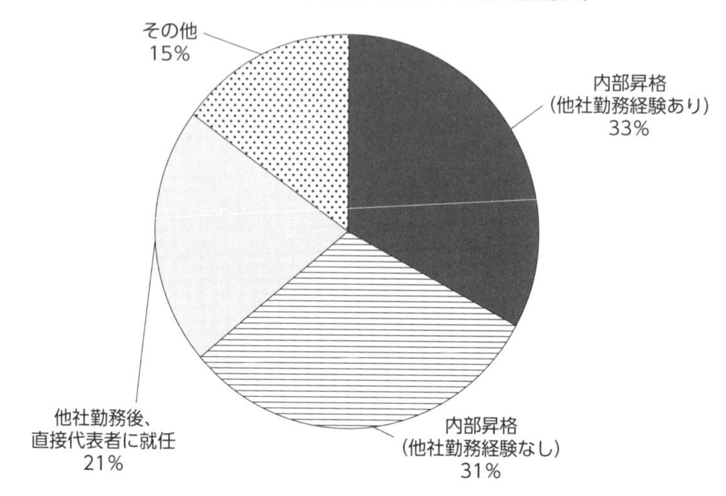

以上の他、親族や取引先等の関係者との早期・丁寧な調整や対話が必要不可欠であることは、会社形態の場合と同様である。

2 │ 資産の承継

Point !

◆個人事業主の事業承継では、事業用資産は経営者個人の所有となっていますから、事業の継続に必要な資産を、個々に後継者へ承継する必要があります。

◆個人事業主の所有する事業用資産の 6 割超は土地・建物（不動産）です。店舗兼自宅というケースもあります。

◆親族内承継を行う場合、土地の相続に対して小規模宅地等の特例を活用すれば、税負担を軽減することができます。

◆個人事業主の事業承継においても社外の第三者へ承継するケースが増えてきています。

ガイドライン

① 個人事業主の保有する事業用資産

個人事業主においては、事業用資産は経営者個人の所有に属しており（又は経営者個人が賃借）、**事業の継続に必要な資産について、個々に後継者へ承継する**必要がある。

個人事業主が保有する事業用資産の構成は下記グラフのとおりであり、**土地・建物の不動産で6割超**を占める（図表26）。この土地・建物について、例えば**店舗兼住宅**といった形で経営者個人の用と事業の用という二つの用途に用いられている資産もあるため、事業用資産の承継のみならず、現経営者の個人資産の承継についても同時に準備しなければならないことが多い。

図表26：純資産4,800万円超の個人事業主が所有する事業用資産の構成 ㈱帝国データバンク「中小企業における事業承継に関するアンケート・ヒアリング調査」（2015年2月）再編加工）
※ 4,800万円：相続人が配偶者と子2人の場合の相続税の基礎控除額

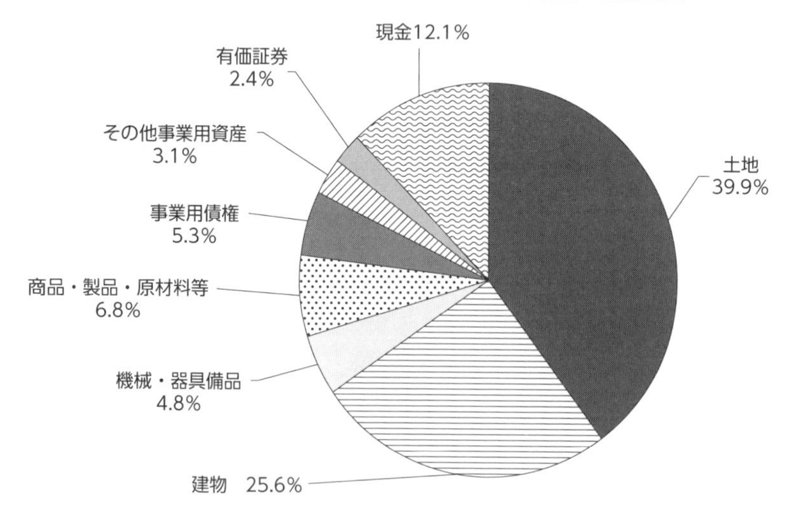

② 税負担への対応・分散の防止

事業用資産の承継にあたっては、上記のとおり親族内承継が大半を占

めていることから、**相続・贈与**による場合が多いものと考えられる。従って、**相続税・贈与税の負担**への配慮が重要であり、対応策としては会社形態の場合と同様である。

特に、個人事業主の所有する事業用資産のうち土地が大きな比重を占めていることから、**小規模宅地特例**が多く活用されている。

また、事業用資産が分散してしまった場合の影響は、会社形態の中小企業において株式が分散してしまった場合よりも表面化しやすい特徴がある。例えば、先代経営者の死亡等により事業用資産である土地や建物、器具備品等が相続人間で共有状態に陥ってしまった場合、後継者は当該資産の処分を伴う設備の更新や業態転換等を自由に行うことが困難となる。

このような事態を回避するため、遺留分に配慮した**生前贈与**による早期の承継や、遺言等の適切な活用を検討すべきである。

なお、近年は個人事業主においても**社外の第三者へ事業承継を行うケースが増えてきている**との指摘がある。その際は、事業の全部承継の手法が活用されている。

3 | 知的資産の承継

Point!

◆個人事業主の場合、許認可等や契約関係は、会社のように自動的に承継されるものではないため、後継者は、知的資産を新たに取得しなおす必要があります。

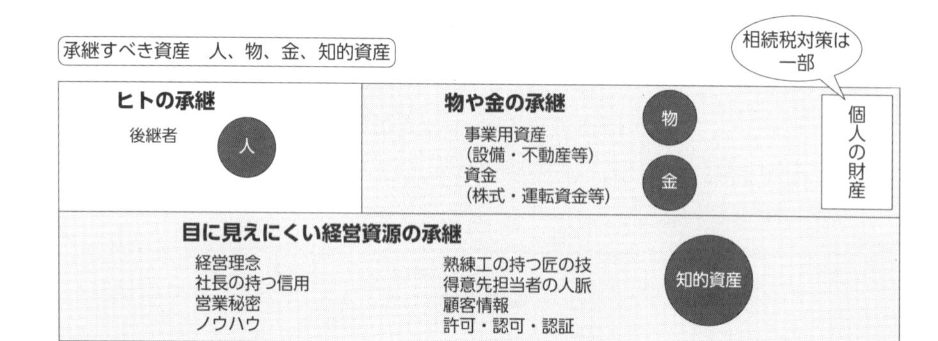

ガイドライン

個人事業主においても、事業の強みの源泉である知的資産を承継することは、事業承継の成否を決する極めて重要な取組である。特筆すべきは、会社形態で様式を承継する場合のように事業承継前後で法人格が維持されるわけではないため、事業遂行に**必要な許認可等を後継者が取得し直したり、取引先等との契約関係を引き継いだり**する必要がある点である。事業承継の準備段階から、専門家や支援機関の助言を得て、後継者による許認可等の取得に向けた準備を行っておくことが、円滑な事業承継の観点からも有益である。

4 ｜後継者人材バンク

Point!

◆後継者不在の個人事業主の事業承継を支援するために、「後継者人材バンク」事業が設けられています。これは、後継者不在の小規模個人事業者と創業を志す個人起業家をマッチングし、店舗や機械装置等を引き継ぐものです。

後継者人材バンクが起業家を紹介

ガイドライン

一部の事業引継ぎ支援センターにおいては、後継者不在の個人事業主が営む事業の第三者への承継を支援するため**「後継者人材バンク」**事業が行われている。これは個人事業主の後継者問題の解決と同時に創業の促進を図るものである。

事業スキームは、**後継者不在の小規模事業者（主として個人事業主）と創業を志す個人起業家をマッチングし、店舗や機械装置等を引き継ぐ**ものである（図表 27）。マッチング後の一定期間は起業家と先代経営者が共同経営を行うことによって、経営理念や蓄積されたノウハウ・技術等を引き継ぐとともに、地域の顧客や仕入れ先、取引金融機関等との顔つなぎも併せて行うこととしている。

図表 27：後継者人材バンクのスキーム図

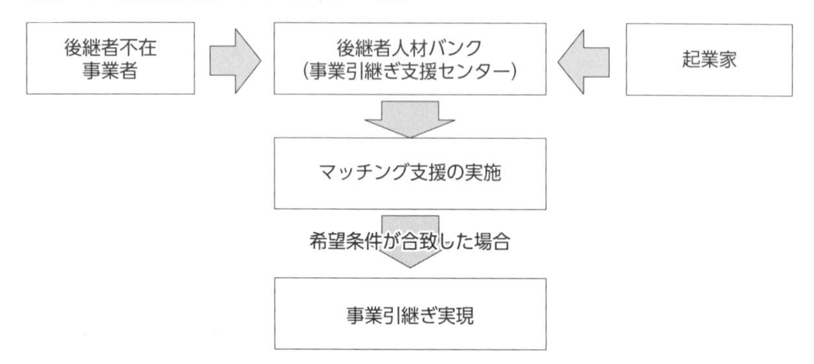

後継者人材バンクは、有形・無形の経営資源を引き継ぐため、ゼロから起業する場合に比べ、大幅に**創業リスクを低減**させることができるという特徴を有している。

後継者人材バンクを取り扱う事業引継ぎ支援センターは順次拡大している。

【事例 8】後継者人材バンクを活用した事業承継の成功事例
（地域の飲食店が「後継者人材バンク」を活用して若者に引き継がれたケース）

地元で 10 年以上焼肉店を営む中小企業の社長Ａ（60 歳）は、加齢とともに、体調面に不安を感じはじめていた。**後継者がいなかった**ため、商工会議所に今後の対応を相談した。

一方、起業家Ｂ（22 歳）は、地元で中華料理店を創業するため、商工会議所が主催する創業セミナーを受講し、**開業の準備**を進めていた。

Ｂは、商工会議所から、Ａが後継者を探しているとの情報を得て関心を持ち、事業引継ぎ支援センターの**「後継者人材バンク」**の活用を勧められたことから登録を行った。

その後、複数回の面談の場がもたれ、双方が基本合意に達したことから、税理士や商工会議所の支援により事業承継計画が策定され、**株式譲渡による事業引継ぎ**が実施された。

Ａは、**従業員や常連客、関係者に迷惑をかけずに済んだことに安堵して引退した。**

現在、同店は、若い店主に替わり、店内の一部改装や中華料理のエッセンスを加えた新メニューの開発により、地元企業を中心とする常連客に加えて、学生をはじめとする若年層の顧客も増えてきている。

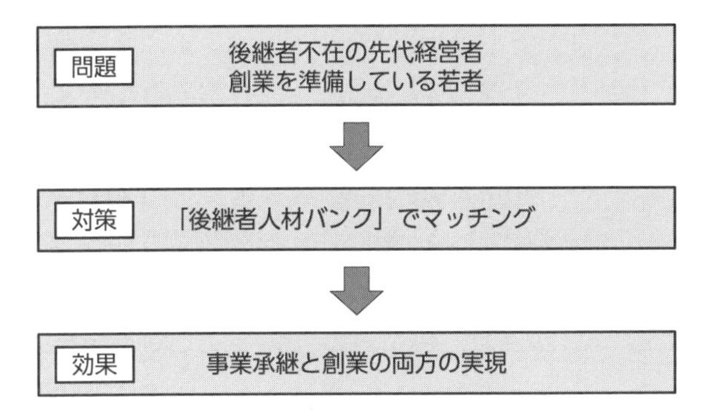

第６章

中小企業の事業承継をサポートする仕組み

① 中小企業を取り巻く事業承継支援体制

Point!

◆国の支援制度の整備が進み、各支援機関の取組が浸透してきている。しかし、個々の取組はバラバラであり、事業承継の実現に至るまで包括的な支援が行われていません。

◆都道府県のリーダーシップのものと、地域に密着した支援機関をネットワーク化する体制を構築することが期待されています。

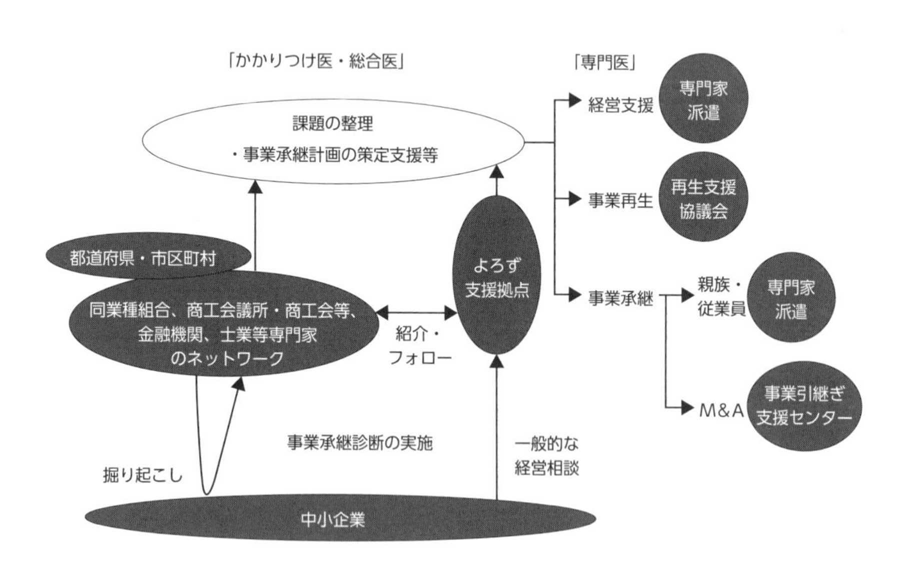

企業経営者の事業承継は、検討課題が多岐にわたるため、個々の専門家が単独で支援できるものではありません。

企業経営者は、会社のオーナーであり、不動産オーナーでもあります。また、事業承継は、企業経営の承継でもあり、個人財産の承継でもあります。このような企業経営者の事業承継を支援するためには、例えば、身近な専門家である税理士が行っている法人の決算・申告の知識・経験だけでは足りません。一般の税理士が慣れていない資産税（相続税、譲渡所得税）の知識・経験が必要となります。しかし、これでも財産承継しか支援できていません。これに加えて、企業経営そのものの知識（経営学、会社法）、資金調達や資産運用（金融）、不動産（法律）の知識が不可欠となるのです。特に、企業経営の承継という側面では、目に見えない経営資源（知的資産）の承継が最重要課題となるため、それをしっかりと分析するとともに、後継者へそれを承継させる方法をアドバイスするためには、企業経営のことを深く理解している専門家（会社経営の経験者）による支援が必要となります。

このような幅広い知識・経験を専門家が単独で有することは難しく、それぞれの分野の専門家が連携して支援することが必要となります。

現在、「よろず支援拠点」の相談窓口にしても、事業承継の専門家が対応しているわけではなく、表面的な悩み相談で終わっている状況です。専門家と言っても、企業経営の承継の支援に終わってしまっていたり、個人財産の承継の支援に終わってしまっていたりするケースが多く見られます。

今後は、事業承継に必要な検討課題は何かをしっかりと理解し、それらに必要となる専門家のネットワークを構築する取組が不可欠といえましょう。

ガイドライン

これまで述べてきたように、60 歳以上の経営者に対して事業承継に向けた早期・計画的な承継準備を促し、円滑な事業承継を実現することが喫緊の課題となっている。このような状況を踏まえ、国における支援制度の整備と歩調を合わせるように、各支援機関において、中小企業の事業承継を支援しようとする取組が浸透してきている。

現状における事業承継支援は、商工会議所・商工会の経営指導員、金融機関等の身近な支援機関をはじめ、税理士・弁護士・公認会計士等の専門家や、事業引継ぎ支援センター等の公的・専門的な支援機関が、それぞれの立場から支援業務に関与し、その役割を担っている。

このように、中小企業経営者の周囲には、身近な支援機関から専門的な支援機関まで、多様な支援機関が存在しているのである。中小企業経営者としては、まずは金融機関や商工会・商工会議所の経営指導員をはじめ、顧問税理士・顧問弁護士など、**身近な支援機関に声を掛けてみること**が、事業承継に向けた準備の第一歩となる。

しかしながら、**各支援機関の取組は、中小企業からの個別の要請に対し、単発の支援を行っている次元に留まっており、より良い事業承継の実現に向けてステップを踏むような、切れ目の無い支援がなされているとはいえない**状況にある。

このため、各々の支援機関が自らの専門分野に責任をもって取り組むことはもちろん、**支援機関相互の連携を図りつつ、ステップ毎の支援を切れ目無く行う体制を構築する必要がある。**

具体的には、地域の将来に責任を有する**都道府県のリーダーシップ**のもと、**地域に密着した支援機関をネットワーク化**し、よろず支援拠点や事業引継ぎ支援センター等とも連携する体制を国のバックアップの下で早急に整備することが強く期待される（図表 28）。

図表 28：支援体制のイメージ

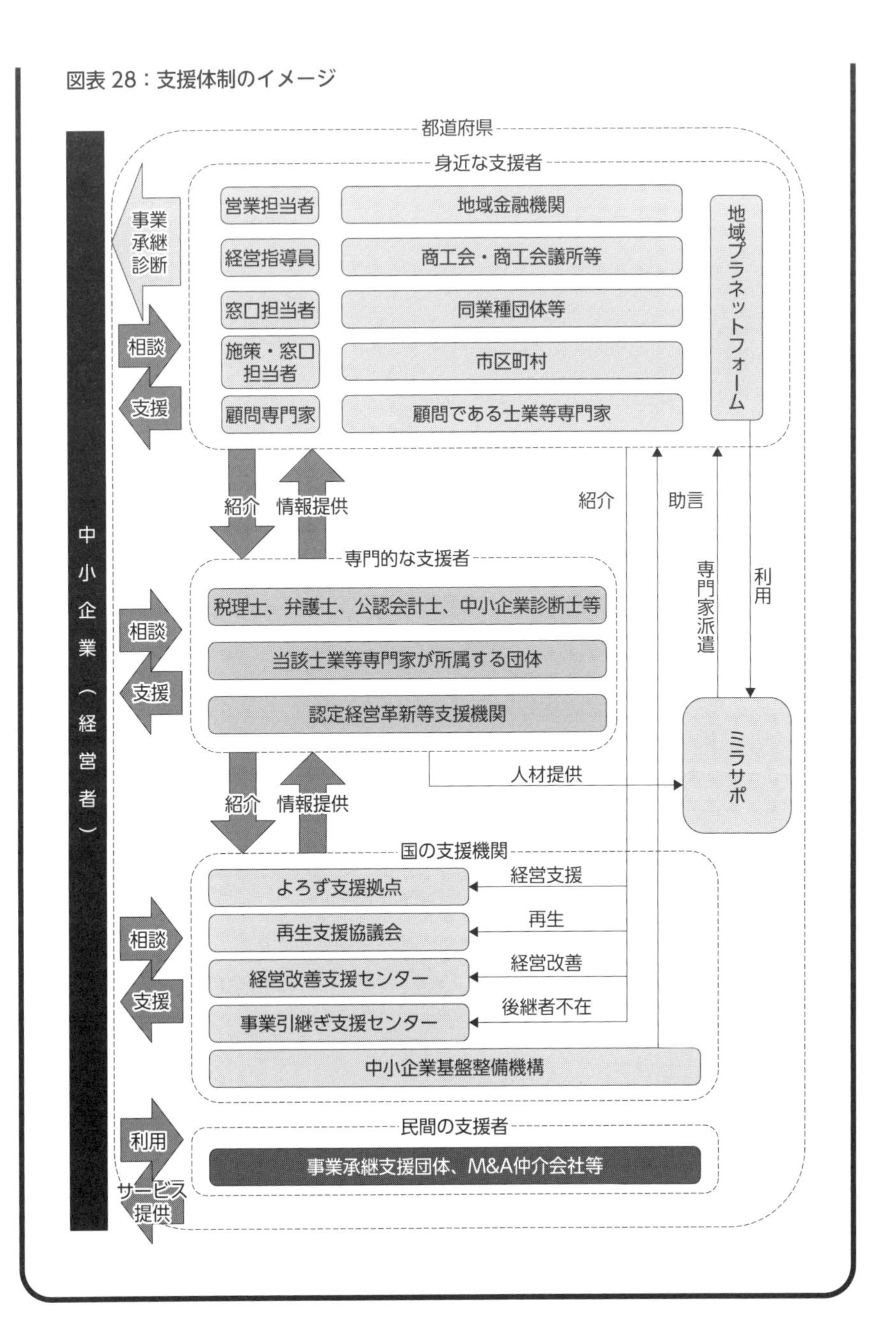

② 支援機関同士の連携

Point!

◆事業承継の支援は、都道府県のリーダーシップの下、各支援機関（士業との専門家、国の支援機関）が連携することが必要です。

◆事業承継のステップ毎に支援内容や取組状況をカルテ化するといった方法で、各支援機関の間で情報共有できるような仕組みが期待されます。

◆顧問税理士等の身近な専門家は、企業経営者の生活に深く関与し、会社だけでなく個人に関する情報も持っているため、支援機関との連携をコーディネートする役割が期待されます。

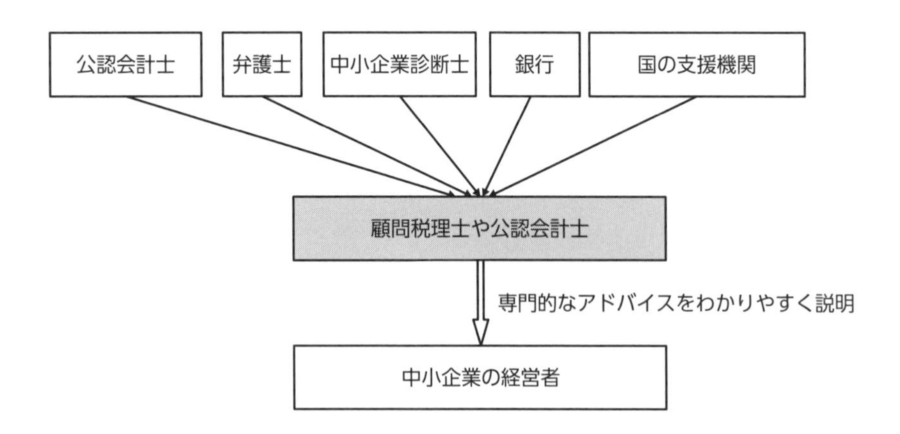

ガイドライン

上述した支援体制においては、地域に密着した支援機関が地域の事業承継ニーズを掘り起こし、士業等の専門家が見える化・磨き上げや事業承継計画の策定、法務・税務等に関する専門支援を提供し、個別の中小企業の抱える課題に応じて国の専門機関が支援を提供する役割を担っている。

都道府県のリーダーシップの下、これらの支援機関が有機的に連携し、例えば、**ステップ毎の支援内容や取組状況等をカルテ化する**といった方法で、支援状況を関係者間で共有し得る環境を整備し、継続的にフォローアップを行う仕組みを構築することが大切である。

なお、事業承継支援を行うにあたって、中小企業に**顧問の税理士、弁護士、公認会計士等**がいる場合、これらの専門家は専門的な知識を持つだけでなく、中小企業の経営実態や沿革、社内・親族間の人間関係等にも精通しているため、事業承継に向けた準備を実効的・効率的に進めるにあたって貴重な存在となり得る。従って、顧問専門家等と協力し、その支援を得ながら支援を提供することは、円滑な事業承継を実現する上で有益なプロセスであると言える。

③ 事業承継診断の実施

Point!

- 事業承継の潜在的ニーズを掘り起こすためには、支援機関からの積極的なアプローチが必要となります。
- 事業承継診断とは、主に金融機関の営業担当者や商工会・商工会議所等の担当者が顧客企業等を訪問する際、「診断票に基づく対話」を通じ、経営者に対して事業承継に向けた準備のきっかけを提供するものです。
- 経営者にとって身近な支援機関（顧問税理士など）においては、日常の業務の中で、概ね 60 歳以上の経営者に対して、「事業承継診断票（相対用）」の記入を求めることが想定されます。

ガイドライン

多くの中小企業経営者が、事業承継や後継者問題について相談する予定がない、相談相手がいないと考えていることを踏まえると、潜在的な事業承継ニーズの掘り起こしのためには、**支援機関からの積極的なアプローチが不可欠**である。他方で、支援機関においても、現経営者のプライベートな領域に踏み込むといった難しさがあることは既述のとおりである。

そこで、支援機関において以下に説明する**事業承継診断**を活用し、経営者に対して積極的なアプローチを行うことが期待される。

事業承継診断とは、主に金融機関の営業担当者や商工会・商工会議所等の担当者が顧客企業等を訪問する際、診断票に基づく対話を通じ、経営者に対して事業承継に向けた準備のきっかけを提供する取組である。

事業承継診断は、地域の支援機関のネットワークを中心に組織的に実施されることが望ましく、診断の実施に向けて、中小企業との関係性や専門分野が異なる様々な支援機関が意識を共有して連携し、支援体制を構築する必要がある。

事業承継診断の実施にあたっては、経営者の潜在ニーズを拾い上げるために行われることから、対象となる経営者は膨大な数にのぼると見込まれること、診断のために時間を割くのではなく、日頃の支援活動の中で実施することなどから、可能な限り簡潔に、短時間で実施できる方法をとるべきである。

例えば、**経営者にとって身近な支援機関**においては、日常の経営者との関わりの中で、**概ね60歳以上の経営者**に対し、**事業承継診断票（相対用）**に基づいて、対面で診断を実施することが想定される（所要10分程度）。

支援機関は、診断結果を踏まえ、経営者が次の支援ステップ（見える化、磨き上げ、事業承継計画の策定、M＆A等）に進むことができるよう、**最適な専門家や相談窓口や、支援施策等の紹介を行う**ことが望ましい。

事業承継診断（相対用）の項目イメージ

Q1. 会社の10年後の夢について語り合える後継者候補がいますか。

Q2. 候補者本人に対して、会社を託す意思があることを明確に伝えましたか。

Q3. 後継者に対する経営者教育や、人脈・技術などの引継ぎ等、具体的な準備を進めていますか。

Q4. 役員や従業員、取引先など関係者の理解や協力が得られるよう取り組んでいますか。

Q5. 事業承継に向けた準備（財務、税務、人事等の総点検）に取りかかっていますか。

※本書に診断票を収録

また、よろず支援拠点においては、経営相談等に来訪した**60歳以上の事業者**に対して診断を行うこととし、**適切な支援サービスの提供や支援機関の紹介を行う**。

なお、事業引継ぎ支援センターにおいては、**ダイレクトメールによる事業承継診断**を実施しており、中小企業経営者が自身の置かれた状況を把握し、積極的に事業承継に向けた準備を始めることが期待される。

事業承継診断（自己診断用）の項目イメージ

Q1. 事業計画を策定し、中長期的な目標やビジョンを設定して経営を行っていますか。

Q2. 経営上の悩みや課題について、身近に相談できる専門家はいますか。

Q3. 後継者に対する教育・育成、人脈や技術などの引継ぎ等の具体的な準備を進めていますか。

Q4. 役員や従業員、取引先など社内外の関係者の理解や協力が得られるように取り組んでいますか。

Q5. 法務面や税務面、資金面などについて将来の承継を見据えた対策を進めていますか。

※本書に診断票を収録

なお、事業承継診断に関する既存の取組として、インターネットを活用して誰でも簡易診断を行うことができるよう取り組んでいる先進的な事例が存在する（図表 29）。今後は国や各地域において、このような事例を参考に、事業承継診断をより工夫した形で実施されることも、望ましいものである。

図表 29：ｗｅｂによる事業承継診断（大阪産業創造館）（大阪産業創造館ホームページ：https://www.sansokan.jp/sob/quiz/）

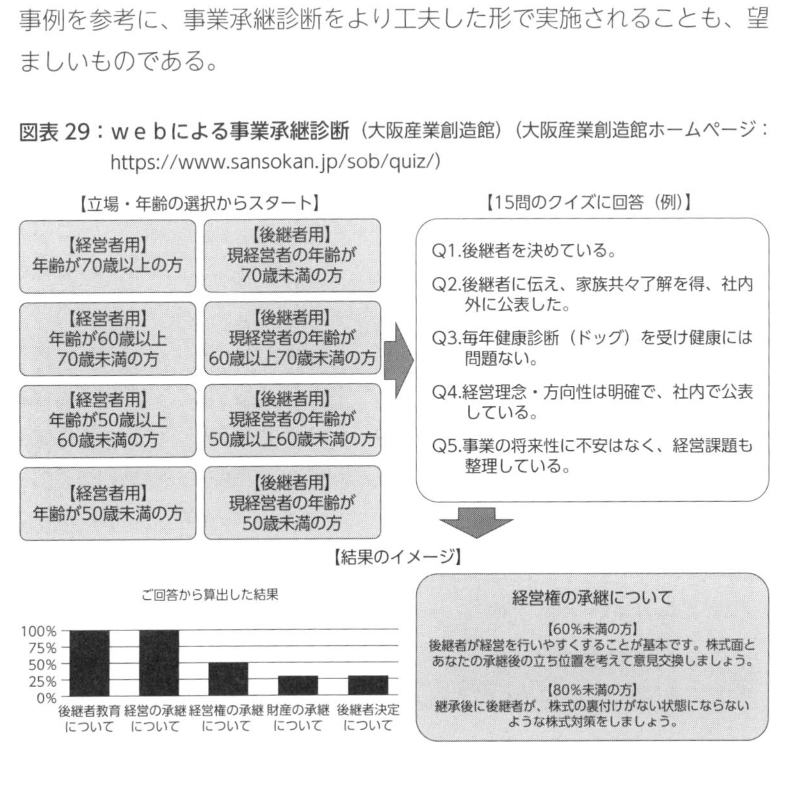

④ 創業・事業再生との連携

Point !

- ◆「後継者人材バンク」を活用して、創業希望者と後継者不在の小規模事業者をマッチングさせることによって、事業承継を実現することができれば、中小企業の減少に歯止めをかけることができます。
- ◆債務超過であっても大きな成長が見込まれる中小企業については、事業承継が進まない状態となっているケースが多いようですが、このような中小企業は存続させるべきであるため、再生支援協議会との連携によって事業承継を進めていかなければなりません。

事業承継と創業

現経営者

後継者不在の
中小企業

→

後継者

創業したい!
という若者

事業再生した後で事業承継

現経営者

価値ある
経営資源を有する会社

債務超過 → 【事業再生】再生支援協議会 → 【事業承継】事業引継ぎセンター

ガイドライン

これまで事業承継のあり方、手法等について論じてきたが、企業のライフサイクルである創業、事業再生、事業承継の各ステージは、互いに密接に連関しており、これらを一体として支援することで、より大きな効果が得られるものと期待される。

中小企業・小規模事業者数の減少に歯止めをかけ、我が国の経済・社会基盤を将来にわたって強固なものにするため、従前の事業承継支援に加え、事業承継と**創業**、事業承継と**事業再生**の連携強化を推進していくことが必要となっている。

ガイドライン

現在、多くの市区町村が雇用の拡大や地域経済の活性化・成長・発展等を目的として積極的に創業支援に取り組んでいる。一方、必ずしも業況が悪くないにも関わらず、後継者不在により廃業を余儀なくされる小規模事業者が多数存在する。このため、**創業希望者と後継者不在の小規模事業者をマッチング**させることによって、経営資源の有効活用に加え、地域の創業率を向上させ、中小企業の減少に歯止めをかけることが可能となる。

具体的には、先に述べた**「後継者人材バンク」**を活用して、起業家情報を有する市区町村及び創業支援機関と各地の事業引継ぎ支援センターが連携を深めることで、地域経済の活性化に大きく貢献することが期待される。

ガイドライン

一般的に債務超過に陥っている中小企業は、**後継者候補がいる場合であっても過剰債務が敬遠され、事業承継が進まない状態**になっている場合が多い。他方、こうした中小企業の中にも、**突出した技術力や特許・**

ノウハウ等を有し、ニッチなマーケットで相当なシェアを有している中小企業が一定程度存在する。

経営の悪化は、経営者の手腕によるものであることも多いが、特に中小企業・小規模事業者にあっては、外部的な経営環境等の急変等の影響を受けやすいため、出会い頭に致命傷を受けることが起こり得る。

このため、**債務超過であっても大きな成長が見込まれる中小企業**については、再生支援協議会と事業引継ぎ支援センターとが企業情報の交換等を活発に行い、事業継続に向けた支援を強化していく必要がある。

⑤ 事業承継のサポート機関

Point!

- 事業承継の支援を行う主な士業として、税理士、弁護士、公認会計士、中小企業診断士が挙げられます。
- 事業承継の相談先のトップが税理士であり、経営者に最も近い存在として、相続税の助言までを含めた幅広い支援が期待されます。
- 金融機関は、中小企業と日常的に接して経営状況を把握しており、経営支援を実施することができる立場にあることから、経営者に対して事業承継に向けた準備を促すなど、積極的な支援を行う役割が期待されています。
- 商工会議所・商工会は、経営指導員の巡回指導を通じて中小企業経営者と接している立場にあることから、事業承継ニーズの掘り起こしなど、積極的な支援を行う役割が期待されています。
- 同業種組合は、会員の事業承継を支援する役割が期待されています。
- 認定経営革新等支援機関は、「事業承継ガイドライン」を踏まえて、中小企業の事業承継を支援する役割が期待されています。

後継者として
今後の事業計画を
作りましょう。

中小企業診断士は、事業承継計画の策定支援、後継者教育支援、磨き上げ支援を提供しています。特に、プレ承継における**「事業承継診断」**を実施することで事業承継ニーズを喚起する役割が期待されます。

ガイドライン

① 税理士

税理士は、**顧問契約を通じて日常的に中小企業経営者との関わりが深く、決算支援等を通じ経営にも深く関与している。**経営者向けアンケートにおいても、**事業承継の相談先のトップ**に位置しており、また、一部税理士会においては、後継者不在の中小企業に対するM＆Ａ支援に着手するなど積極的な事業承継支援を行っており、主体的な関与が期待される。今後も、**経営者に最も近い存在**として、事業承継ニーズの掘り起こしの他、相続税に関する助言や株価の評価、生前贈与のやり方や種類株式の発行に関する助言、中小企業会計要領・中小企業会計指針の導入支援等、事業承継に関係する幅広い領域にわたる支援が期待される。

【連絡先】

最寄りの税理士会（全国 15 箇所に所在）又は日本税理士会連合会

日本税理士会連合会　TEL：03-5435-0931（代）

http://www.nichizeiren.or.jp

② 弁護士

弁護士は、中小企業や経営者の代理人として、事業承継を進めるにあたり、経営者と共に金融機関や株主、従業員等の**利害関係者への説明・説得**を行い、円滑な事業承継を進める役割を担う。

とりわけ、株主関係が複雑な場合や、会社債務・経営者保証等に関する金融機関との調整・交渉が必要な場合、M＆Aを活用する場合等においては、法律面全般の検討と課題の洗い出し、それらを踏まえたスキーム全体の設計、契約書をはじめとする各種書面の作成といった支援が期待される。

また、日本弁護士連合会は、事業承継に関するプロジェクトチームを設置し、中小企業の事業承継に関する課題分析と改善策の検討、有用なスキーム・事例の周知活動、具体的な相談体制の整備等に取り組んでいる。

【連絡先】

最寄りの弁護士会（各都道府県に所在）又は日本弁護士連合会

日本弁護士連合会　TEL：03-3580-9841

http://www.nichibenren.or.jp

【中小企業に関する相談受付窓口】

ひまわりほっとダイヤル　※初回 30 分無料（一部都道府県を除く）

TEL：0570-001-240

http://www.nichiben.or.jp/ja/sme/

③ 公認会計士

公認会計士は、監査及び会計の専門家として、財務書類の監査証明業務のほか、財務に関する調査や相談に応じており、事業承継の様々な場面で、広い見識に基づく支援が期待できる。特に、**経営状況・課題の把握（見える化）や経営改善（磨き上げ）**といったプレ承継をはじめ、非上場株式の評価・M＆Aにおける売却価格試算等の複雑な状況での**公正な評価**（「企業価値評価ガイドライン」等参照）、**経営者の個人保証の解除、適正な会計**（中小企業会計要領や中小会計指針ほか）の導入支援といった、将来の事業展開も踏まえた幅広い助言が期待できる。

また、日本公認会計士協会では平成26年に中小企業施策調査会を発足し、中小企業支援活動を組織的に開始した。平成27年には、**事業承継支援専門部会**が設置され、今後、事業承継支援に積極的に取り組んでいくことが期待できる。

【連絡先】

日本公認会計士協会　自主規制・業務本部
TEL：03-3515-1160
http://www.jicpa.or.jp

地域会（全国16箇所に所在、各都道府県に単位会あり）

④　中小企業診断士

中小企業診断士は、「中小企業支援法」に基づき、中小企業のホームドクターとして、様々な経営課題への対応や経営診断等に取り組んでいる。事業承継に関しては、事業承継診断やプレ承継支援（**事業承継計画の策定支援、後継者教育支援、磨き上げ支援**等）、ポスト承継支援の他、M＆A等に関わる支援も期待される。

【連絡先】最寄りの支部（各都道府県に所在）又は（一社）中小企業診断協会

（一社）中小企業診断協会　TEL：03-3563-0851（代）
http://www.j-smeca.or.jp

ガイドライン

金融機関は、**中小企業に日常的に接して経営状況を把握**しており、中小企業に対して**きめ細やかな経営支援等を実施し得る立場**にある。また、金融機関が取引先企業の事業実態を理解し、そのニーズや課題を把握し、経営課題に対する支援を組織的・継続的に実施することは、取引先企業の価値向上、ひいては我が国経済の持続的成長につながるとともに、金融機関自身の経営の安定にも寄与するものである。

このような観点から、**金融機関は取引先中小企業の事業承継問題に対しても積極的な支援を実施することが期待される**。金融庁は平成28年9月、金融機関が金融仲介機能の発揮状況を客観的に評価するための指標として「金融仲介機能のベンチマーク」を公表しており、同ベンチマークにおいても、「本業（企業価値の向上）支援・企業のライフステージに応じたソリューションの提供」についての取組状況を評価するための選択ベンチマークの一つとして**「事業承継支援先数」**が掲げられている。

以上のとおり、取引先中小企業の事業承継支援など本業支援・企業のライフステージに応じたソリューションの提供は金融機関が実施することが期待される取組であり、今後はさらに充実していくものと考えられる。

具体的には、地域経済の活性化の視点を踏まえ、日々の渉外活動の中で、**経営者に対して事業承継に向けた準備を促すこと**が望ましい。さらに進んで、セミナー・訪問等による情報提供や専門家の紹介、M＆Aマッチングの実施、株式の取得や後継者による新しい取組等に必要な資金需要への対応といった、個々の中小企業の具体的事情・事業承継の段階に応じた支援を行うことが期待される。

(参考) 金融仲介機能のベンチマーク（金融庁ホームページ参照（http://www.fsa.go.jp/news/28/sonota/20160915-3.html））

金融庁は、金融機関が、自身の経営理念や事業戦略等にも掲げている金融仲介の質を一層高めていく取組の進捗状況や課題等について客観的に自己評価することが重要である等の考えの下、「金融仲介の改善に向けた検討会議」での議論等も踏まえ、金融機関における仲介機能の発揮状況を客観的に評価できる多様な指標**（金融仲介機能のベンチマーク）**を策定・公表した。

評価指標としては、全ての金融機関が金融仲介の取組の進捗状況や課題等を客観的に評価するために活用可能な「共通ベンチマーク」と、各金融機関が自身の事業戦略やビジネスモデル等を踏まえて選択できる「選択ベンチマーク」を提示している。

同ベンチマークは、上記の自己点検・評価等における活用の他、積極的かつ具体的な開示により企業との間の情報の非対称性の解消に努めること、及び、それぞれの金融機関の自主的な創意工夫により、企業価値の向上に資する取組を検討・実施すること等への活用が期待されている。

ガイドライン

商工会議所・商工会は、経営指導員の日々の巡回指導等を通じて中小企業経営者との間に信頼関係を構築している身近な存在である。このため、**事業承継ニーズの掘り起こし**の他、事業承継セミナーの開催や事業承継施策に関する情報提供、専門家の紹介、事業引継ぎ支援センターとの連携等が期待される。

【連絡先】

最寄りの商工会議所（全国 515 箇所に所在）又は日本商工会議所、最寄りの商工会（全国 1,661 箇所に所在）・都道府県商工会連合会（各都道府県に所在）又は全国商工会連合会

全国の商工会議所
http://www5.cin.or.jp/ccilist

日本商工会議所 TEL：03-3283-7917
http://www.jcci.or.jp/

都道府県商工会連合会
http://www.shokokai.or.jp/?page_id=1754

全国商工会連合会 TEL：03-6268-0088
http://www.shokokai.or.jp/

中小企業団体に属する会員

事業協同組合、信用共同組合
企業組合、協同組合
商工組合、商店街振興組合
生活衛生共同組合

ガイドライン

同業種組合としては、全国中小企業団体中央会の会員団体が 27,000超存在しており、**事業承継セミナーの開催等を通じた情報提供**や、**組合内の後継者不在の中小企業を支援機関に紹介する**等の役割が期待される。

【連絡先】

全国中小企業団体中央会　TEL：03-3523-4901（代）

http://www.chuokai.or.jp/index.aspx

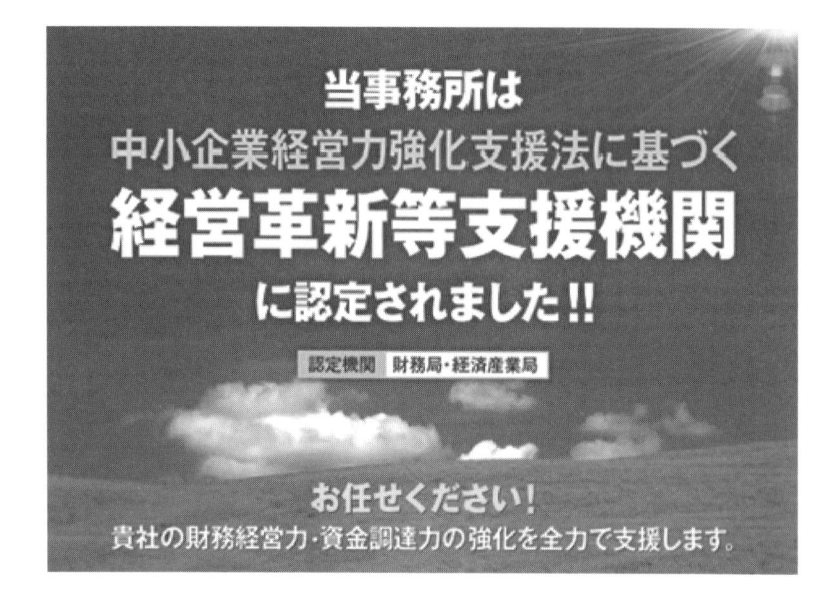

経営革新等支援機関とは

経営革新等支援機関

中小企業が安心して経営相談等が受けられるために、専門的知識や、実務経験が一定レベル以上の者に対し、国が認定することで、**公的な支援機関として位置付け**られています。

多岐多様な専門家を認定

金融機関、税理士、公認会計士、弁護士等を認定。
中小企業に対して**チームとして専門性の高い支援事業**を行います。

こんな悩みを抱えている方、ご相談ください！

1 自社の経営を「見える化」したい

企業に密着した、きめ細かな経営相談から、財務状況、財務内容、経営状況に関する調査・分析を行います。

2 事業計画を作りたい

経営状況の分析から、事業計画等の策定・実行支援を行います。
また、進ちょく状況の管理、フォローアップを行い、中小企業の経営支援の充実を行います。

3 取引先を増やしたい 販売を拡大したい

経営革新等支援機関のネットワークを活用して新たな取引先の増加や販売の拡大に向けてお手伝いします。

4 専門的課題を解決したい

海外展開を考えている、知財管理が不安…。専門的な知識が必要な場合には、**最適な専門家を派遣し、経営革新等支援機関と一体となって支援**します。

※(独)中小企業基盤整備機構から派遣されます。

5 金融機関と良好な関係を作りたい

計算書類の信頼性を向上させ、資金調達力の強化に繋げます。

! 信用保証協会の保証料が減額されます

経営革新等支援機関の支援を受け、事業計画の実行と進ちょくの報告を行うことを前提に、信用保証協会の保証料が減額（▲0.2%）されます。

経営革新等支援機関の支援を受ける効果

中小企業者
「新商品の開発」、「新たな生産、販売方式の導入」
「新サービスの提供」、「資金調達」 等

弁護士

事業計画を策定したい

税理士・会計士

【経営革新等支援機関】
・財務内容等その他経営状況の分析、現状把握、経営課題の抽出、計画策定に向けた助言。
・事業の実施に必要な指導・助言

経営革新等支援機関が策定支援した事業計画

- 経営状況が明確化
- 新たな商品開発、サービス提供の道筋が立てられた
- 自社の目標とその目標までの過程が明確化し、社員の意識が向上
- 金融機関からの信用度が上がり、資金調達が受けやすくなった

金融機関

事業の成果・波及効果
売上の増加、販売形態の多様化、販路拡大、海外展開、
ブランド価値の向上、高付加価値品化、
対外的信用が増すことによる新たな取引先の増加　等

経営革新等支援機関への手数料

経営革新等支援機構の行う支援業務の手数料は、経営革新等支援機関と調整していただきます。

ガイドライン

「中小企業等経営強化法」に基づき、専門性の高い中小企業支援を行うために認定された支援機関（士業等専門家、金融機関、商工会・商工会議所、民間企業など）。税務、金融、財務に関する面を中心に、経営

の見える化支援や磨き上げ支援等を実施している。

「中小企業等経営強化法」の基本方針の中では、以下のような事業承継に係る記載がある。認定経営革新等支援機関には、経営革新等支援業務の実施に当たり、本ガイドラインを踏まえ、**事業承継に向けた取組促進**の役割が期待されている。

・経営革新等支援業務の実施に当たって配慮すべき事項

認定経営革新等支援機関は、経営革新等支援業務の実施に当たって、**「事業承継ガイドライン」**を踏まえて、中小企業に対して計画的な事業承継に向けた取組を促すことにより、中小企業の事業承継を契機とした経営力向上を支援すること。

「中小企業等経営強化法」基本方針一部抜粋

【連絡先】

認定経営革新等支援機関一覧

http://www.chusho.meti.go.jp/keiei/kakushin/nintei/kyoku/ichiran.htm

事業引継ぎ支援センターの支援スキーム

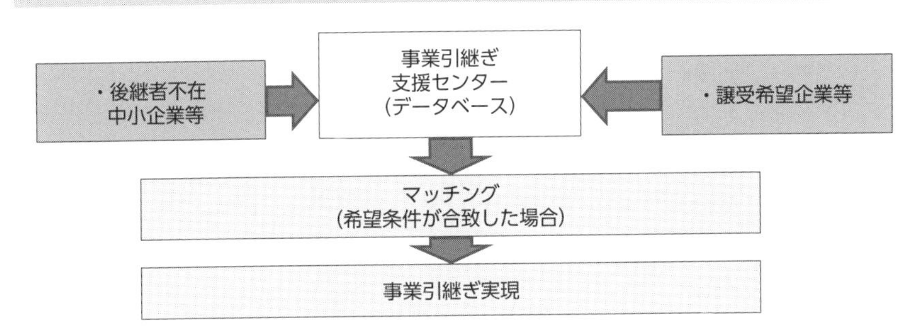

ガイドライン

①　事業引継ぎ支援センター

後継者不在の中小企業の事業引継ぎを支援するため、平成23年度から開始した事業であり、全国の事業引継ぎ支援センターにおいて、事業承継に関する幅広い相談対応やM&Aのマッチング支援を実施している。

【連絡先】

事業引継ぎ支援センター一覧

http://shoukei.smrj.go.jp/

②　中小企業再生支援協議会

財務上の問題を抱えているものの、**事業の収益性があり事業再生の意欲を有する中小企業**を支援するため平成15年度から開始した事業である。全国の再生支援協議会が事業再生に係る相談対応や**再生計画策定支援**を行い、事業再生支援を行っている。

【連絡先】

再生支援協議会一覧

http: //www. chusho. meti. go. jp/pamflet/leaflet/l-2015/05saiseiall.pdf

③　独立行政法人中小企業基盤整備機構

中小企業の支援機関が、事業承継の支援体制を構築していくにあたり、必要な助言や、支援機関の課題解決に資する講習会を開催している。また、経営者向けセミナー、フォーラムの開催、中小企業大学校における後継者研修等を通じて、中小企業経営者（後継者）の意識喚起や支援制度の周知・広報、後継者教育を行っている。さらに、事業引継ぎ支援センターやよろず支援拠点、中小企業再生支援協議会の全国本部を設置している。

【連絡先】

（独）中小企業基盤整備機構

TEL：03-3433-8811
http://www.smrj.go.jp/index.html

④　よろず支援拠点

中小企業・小規模事業者に対し、一歩踏み込んだ専門的な助言を行うため、平成26年6月から、ワンストップ相談窓口を各都道府県の中小企業支援センター等に設置している。

よろず支援拠点においては、在籍する事業承継の専門家が相談対応を行うほか、より専門性の高い課題や事業承継計画の策定支援等に関しては、外部専門家の紹介も行っている。

【連絡先】
よろず支援拠点一覧
http://www.smrj.go.jp/yorozu/087939.html

⑤　中小企業庁・経済産業局

中小企業庁では、経営承継円滑化法に基づく遺留分に関する民法の特例、金融支援、事業承継税制といった基盤的な制度の整備や、後継者不在の中小企業に対してM＆A等を活用した後継者マッチングを行う事業引継ぎ支援事業、支援施策等の普及・啓発等、事業承継の円滑化のための総合的な施策を講じている。

また、経済産業局においても、地域の支援機関や自治体等との連携のもと、事業承継の円滑化に資する施策を講じている。

> ・中小企業の事業承継の円滑化に向けた環境整備
> 国は、中小企業が事業承継を契機として経営力向上に向けた取組を行うことができるよう中小企業が事業承継を円滑に行うことができる環境を整備するものとする。
> 「中小企業等経営強化法」基本方針　一部抜粋

【連絡先】
中小企業庁

TEL：03-3501-1511（代）

http://www.chusho.meti.go.jp/

経済産業局

http://www.meti.go.jp/intro/data/a240001j.html

なお、平成 29 年 4 月から、事業承継税制等に関する認定事務が都道府県に移譲されることから、留意が必要である。

第７章

事業承継診断票と事業承継計画書

ガイドライン

ここまで、中小企業における事業承継の円滑化に向けて、早期・計画的な取組の重要性や、課題に対応するためのツール、支援体制のあり方など、多岐にわたる課題や方策を紹介いたしました。

中小企業経営者の方には、このガイドラインが、事業承継に関する課題を認識し、個社の事情に応じて必要な準備・対応に着手するための「道しるべ」となることを期待しています。また中小企業支援機関の方には、本ガイドラインの内容を事業承継支援の「スタンダード」として、日々の支援業務の強化に役立てていただけるようお願いしたいと思います。

最も重要なのは、中小企業は雇用や地域経済を支える大切な公器であり、その事業承継は、経営者のみならず、支援機関を含むすべての関係者にとっての「共通課題」であると認識することです。そのためにも、**「事業承継診断」の実施**などを通じ、**経営者と支援機関、現経営者と後継者の間での対話を促進することで、各当事者の意識を喚起し**、具体的な取組に繋げていかなければなりません。

本ガイドラインが、全国の中小企業で事業承継に向けた準備を始めるきっかけとなること、また、地域の支援体制の強化につながることを強く期待しています。

事業承継
ガイドライン
事業承継
ガイドライン

① 事業承継診断票（相対用）

相対用の診断票は、金融機関の営業マンや商工会議所の相談員が中小企業経営者の方々と日常的に面談する際にお渡しするものです。この診断票に基づいて事業承継に係る対話を行い、その準備を始めるきっかけとしてください。

企業名：		取扱い支援機関名：	
事業承継ヒアリングシート			
経営者の年齢：　　　歳	業績		
従業員数：　　　人	売上	百万円	

Q1　会社の10年後の夢について語り合える後継者候補がいますか。

□ はい　【それは誰ですか？　　】　□ いいえ

※「はい」→Q2、「いいえ」→Q7へお進みください。

Q2　候補者本人に対して、会社を託す意思があることを明確に伝えましたか。

□ はい　□ いいえ

※「はい」→Q3～Q6、「いいえ」→Q8～Q9をお答えください。

Q3　候補者に対する経営者教育や、人脈・技術などの引継ぎ等、具体的な準備を進めていますか。

□ はい　□ いいえ

Q4　役員や従業員、取引先など関係者の理解や協力が得られるよう取り組んでいますか。

□ はい　□ いいえ

Q5　事業承継に向けた準備（財務、税務、人事等の総点検）に取りかかっていますか。

□ はい　□ いいえ

Q6　事業承継の準備を相談する先がありますか。

□ はい　【それは誰ですか？　　】　□ いいえ

Q7　親族内や役員・従業員等の中で後継者候補にしたい人材はいますか。

□ はい　□ いいえ

※「はい」→Q8～Q9、「いいえ」→Q10～Q11をお答えください。

Q8　事業承継を行うためには、候補者を説得し、合意を得た後、後継者教育や引継ぎなどを行う準備期間が必要ですが、その時間を十分にとることができますか。

□ はい　□ いいえ

Q9　未だに後継者に承継の打診をしていない理由が明確ですか。（後継者がまだ若すぎる　など）

□ はい　□ いいえ

Q10　事業を売却や譲渡などによって引継ぐ相手先の候補はありますか。

□ はい　□ いいえ

Q11　事業を売却や譲渡などについて、相談する専門家はいますか。実際に相談を行っていますが。

□ はい　【それは誰ですか？　　】　□ いいえ
□ はい　□ いいえ

Q3~Q6　で1つ以上「いいえ」と回答した方・・・円滑に事業承継を進めていくために、事業承継計画の策定による計画的な取り組みが求められます。

Q8~Q9　で1つ以上「いいえ」と回答した方・・・企業の存続に向けて、具体的に事業承継についての課題の整理や方向性の検討を行う必要があります。

Q10~Q11　で1つ以上「いいえ」と回答した方・・・事業引継ぎ支援センターにご相談ください。

② 事業承継診断票（自己診断用）

自己診断用の診断票は、事業引継ぎ支援センターがダイレクトメールで送る予定とされていますが、支援機関との関わりが少ない中小企業経営者の方々が、自らその事業承継の状況を確認するためのものです。これによって、事業承継の準備が必要だと認識したならば、士業などの専門家や各支援機関に相談してみましょう。

事業承継自己診断チェックシート

以下の設問について、「いいえ」という回答があった方は、次ページをご覧ください。

Q1	事業計画を策定し、中長期的な目標やビジョンを設定して経営を行っていますか。	はい	いいえ
Q2	経営上の悩みや課題について、身近に相談できる専門家はいますか。	はい	いいえ

【以下の中から、当てはまる設問へお進みください】
・私には後継者がいる【子ども、親族、従業員】 ・・・☆へ
・私には後継者にしたい人材がいる【子ども、親族、従業員】 ・・・Q6~Q7へ
・私には後継者がいない ・・・Q8 ～ Q9へ

☆後継者に対し将来会社を託すことを明確に伝え、後継者として事業を引継ぐ意思を確認しましたか。
※「はい」の方はQ3~Q5を回答してください。
「いいえ」の方はQ6~Q7を回答してください。

Q3	後継者に対する教育・育成、人脈や技術などの引継ぎ等の具体的な準備を進めていますか。	はい	いいえ
Q4	役員や従業員、取引先など社内外の関係者の理解や協力が得られるよう取組んでいますか。	はい	いいえ
Q5	法務面や税務面、資金面などについて将来の承継を見据えた対策を進めていますか。	はい	いいえ
Q6	後継者の正式決定や育成、ご自身の退任時期の決定など、計画的な事業承継を進めるために必要な準備期間は十分にありますか。	はい	いいえ
Q7	後継者候補に承継の意向について打診をする時期や、ご自身がまだ打診をしていない理由は明確ですか。（後継者候補が若く、打診するには早すぎる　等）	はい	いいえ
Q8	第三者に事業を引継ぐ（企業売却・事業譲渡等）場合の相手候補先はありますか。	はい	いいえ
Q9	企業売却・事業譲渡等の進め方についてご存知ですか。	はい	いいえ

※次ページには、支援機関の紹介等を掲載

③ 事業承継計画書

1 | 事業承継計画書とは何か

事業承継計画とは、中長期の経営計画に基づき、事業承継の時期、具体的な手続きを記載した計画のことです。事業承継を円滑に実現するためには、中長期的な視点に立った事業承継計画の立案・実行が必要です。

事業承継計画を作成することで、事業承継のために行うべきことの整理・確認を行うことができますし、会社の抱える問題点や将来の見通しについて現経営者と後継者で認識を一致させ、承継後も持続可能な経営体制を構築することが可能になるというメリットがあります。

特に、事業承継計画書を作成する際に行われる、現経営者と後継者との「対話」は、現経営者が頭の中に蓄積させている「目に見えない経営資源（知的資産）」を後継者へ移転させる効果があります。このため、事業承継計画書を作成する作業は、極めて効果的な経営承継の手法となります。

2 | 事業承継計画書のテンプレート

社名							後継者			親族内　・　親族外		
基本方針												
項目		現在	1年目	2年目	3年目	4年目	5年目	6年目	7年目	8年目	9年目	10年目
事業計画	売上高											
	経常利益											
会社	定款・株式・その他											
現経営者	年齢											
	役職											
	関係者の理解											
	後継者教育											
	株式・財産の分配											
	持株（%）											
後継者	年齢											
	役職											
	後継者教育 社内											
	後継者教育 社外											
	持株（%）											
補足												

【注意】計画の実行にあたっては専門家と十分に協議した上で行ってください。
※様式は独立行政法人中小企業基盤整備機構サイト（http://www.smrj.go.jp/keiei/jigyoshokei/057111.html）から入手可能。

3 | 事業承継計画書の書き方

⑴ まず年齢を記入し、**社長交代の時期**を明確に設定することから始めましょう。その時期に現経営者は社長から退任し、後継者が社長に就任するものとして役職を記入しましょう。

⑵ 次に、中期経営計画として**売上高**と**経常利益**の予測額を記入しましょう。予測ですので概算でもよいですが、精緻な計画を作りたいならば、公認会計士に作成を依頼するとよいでしょう。同時に、社長交代の年度における**自社株式の株価**を評価してみましょう。

⑶ 持株数・割合の推移を記入しましょう。社長交代のタイミングで現経営者が所有する株式の大部分を後継者へ移転します。後継者は最低でも**議決権の過半数**を持つことが原則です。また、後継者へ移転する方法（贈与など）についても決めましょう。これには複雑な税金計算が伴いますので、資産税の専門家に相談したほうがよいでしょう。

⑷ そして、会社の支配権が後継者に集中できるよう、**株式分散を防止**する対策を考えましょう。例えば、後継者ではない株主から株式を買い取る必要がある場合は、定款の譲渡制限規定や売渡請求権を規定するようにしましょう。

⑸ 最後に、**後継者教育**です。社長交代の時期までに後継者は一人前の経営者に成長しなければなりません。後継者教育のプランを考えてみましょう。社内のＯＪＴやジョブローテーション、社外のセミナー受講が基本になるでしょう。

4 | 事業承継計画書の記入例

社名	中小株式会社	後継者	(親族内)・親族外

基本方針	
	①中小太郎から、長男一郎への親族内承継 ②５年目に社長交代（代表権を一郎に譲り、太郎は会長へ就任し10年目には完全に引退） ③10年間のアドバイザーを弁護士と税理士に依頼

	項目	現在	1年目	2年目	3年目	4年目	5年目	6年目	7年目	8年目	9年目	10年目
事業計画	売上高	８億円					9億円					12億円
	経常利益	3千万円					３千 ５百万円					5千万円
会社	定款・株式・その他		相続人に対する売譲請求の導入						親族保有株式を配当優先株式化			
現経営者	年齢	60歳	61歳	62歳	63歳	64歳	65歳	66歳	67歳	68歳	69歳	70歳
	役職	社長 →					会長 →			相談役 →		引退
	関係者の理解	家族会議	社内へ計画発表		取引先金融機関に紹介		役員の刷新					
	後継者教育	後継者とコミュニケーションをとり、経営理念、ノウハウ、ネットワーク等の自社の強みを承継 →										
	株式・財産の分配						公正証書遺言作成					
	持株（%）	70%	65%	60%	55%	50%	0%	0%	0%	0%	0%	0%
		毎年贈与（暦年課税制度）→					事業承継税制					
後継者	年齢	33歳	34歳	35歳	36歳	37歳	38歳	39歳	40歳	41歳	42歳	43歳
	役職		取締役 →		専務 →		社長 →					
	後継者教育 社内	工場	営業部門		本社管理部門							
		経営者とコミュニケーションをとり、経営理念、ノウハウ、ネットワーク等の自社の強みを承継 →										
	後継者教育 社外	外部の研修受講	経営革新塾 →									
	持株（%）	0%	5%	10%	15%	20%	70%	70%	70%	70%	70%	70%
		毎年贈与（暦年課税制度）→					事業承継税制	納税猶予 →				

補足	・５年目の贈与時に事業承継税制の活用を検討。 ・遺留分に配慮して遺言書を作成（配偶者へは自宅不動産と現預金、次男・長女へは現貯金を配分）。 ・一郎以外の株主（次男・長女）の保有株式を配当優先株式化することで均衡を図る。

【注意】計画の実行にあたっては専門家と十分に協議した上で行ってください。

おわりに

近年、事業承継支援のニーズが高まってきていますが、本当に事業承継を支援することができる専門家が少ないようです。

事業承継は、企業経営者の立場の交代であるとともに、経営者の地位を裏付ける財産（株式）の権利を移転することにあります。これを支援するということは、経営の承継と財産の承継の両面から支援しなければならないということです。そのためには、企業経営を理解し、企業の経営者を上手く交代させなければなりません。同時に、財産（株式）の移転に伴う税負担を考えなければなりません。つまり、企業経営の問題と税務の問題の両方が問われるのです。また、従業員や第三者への承継の場合は、株式の買取りという手続きになるため、その資金調達という財務の問題も絡んでくるのです。

このように様々な論点をパズルのように解きほぐすためには、各分野の専門家がその専門知識と経験を結集して取り組まなければなりません。そうなりますと、企業経営と税務と財務の全ての面で支援できるような専門家チームが必要となります。それを実現している支援者はほとんど存在していないのが現実です。

私は、企業経営の指導のプロである「中小企業診断士」として、財務と税務（資産税）のプロである「公認会計士」と連携しながら事業支援を行っています。大手家電メーカーから、その傘下にある全国8千店の家電小売店の事業承継支援の仕事を受け、数多くの中小・零細企業の事業承継を支援しております。今後も経済産業省中小企業庁の政策を民間の立場で後押しできる専門家として、積極的に支援活動を行う所存です。

最後に、本書の執筆に協力いただいた中小企業診断協会の小黒光司先生、東京都中小企業診断士協会の池田安弘先生には心より感謝を申し上げます。

平成29年1月　　中小企業診断士・行政書士　村上　章

参考文献

経済産業省中小企業庁「事業承継ガイドライン」平成28年12月

〈著者紹介〉

岸田　康雄（きしだ やすお）
事業承継コンサルティング株式会社 代表取締役
島津会計税理士法人東京事務所長

公認会計士、税理士、中小企業診断士、国際公認投資アナリスト（日本証券アナリスト協会検定会員）
一橋大学大学院商学研究科修了（経営学および会計学専攻）。中央青山監査法人（PwC）にて事業会社、都市銀行、投資信託等の会計監査および財務デュー・ディリジェンス業務に従事。その後、メリルリンチ日本証券、ＳＭＢＣ日興証券、みずほ証券に在籍し、中小企業経営者の相続対策から大企業のＭ＆Ａまで幅広い組織再編と事業承継をアドバイスした。現在、相続税申告を中心とする税理士業務、富裕層に対する相続コンサルティング業務、中小企業経営者に対する事業承継コンサルティング業務を行っている。日本公認会計士協会経営研究調査会「事業承継専門部会」委員。中小企業庁「事業承継ガイドライン」改訂小委員会委員。
著書には、「プライベート・バンキングの基本技術」（清文社）、「信託＆一般社団法人を活用した相続対策ガイド」（中央経済社）、「資産タイプ別相続生前対策完全ガイド」（中央経済社）、「事業承継・相続における生命保険活用ガイド」（清文社）、「税理士・会計事務所のためのＭ＆Ａアドバイザリーガイド」（中央経済社）、「証券投資信託の開示実務」（中央経済社）などがある。

村上　章（むらかみ あきら）
事業承継コンサルティング株式会社 取締役 経営コンサルティング部長
中小企業診断士、行政書士

台東区役所、東京商工会議所等の経営相談員や専門家派遣など各種公的機関の要職に就く一方で、小売業・流通業を対象として、長年にわたり中小企業の老舗企業の経営コンサルティングを行っている。現在、事業承継の専門家として、顧客網や営業基盤の分析とその引継ぎ、後継者育成と事業戦略・経営計画策定などの経営面からの支援を専門とする。日本を代表する大手家電メーカーと連携し、傘下にある全国の小売店の事業承継を支援した実績がある。

事業承継コンサルティング株式会社は、以下の2つのケースに限定して支援させていただきます。公認会計士と中小企業診断士による初回面談は無料です。また、面談にお越しいただけない方には、事業承継をわかりやすく解説した資料を無料で送付させていただきます。お名前、会社名、ご住所、お電話番号、メールアドレスをご連絡ください

(1) 自社株式の評価が1億円を超える老舗企業が、中小企業経営承継円滑化法（事業承継税制）の適用によって税負担を軽減しようとするケース

(2) 自社グループ傘下に100社以上の関連企業（下請け企業、販売店、代理店）を抱える大企業が、その販路維持のために全社的に事業承継支援活動に取り組もうとするケース

【連絡先】
事業承継コンサルティング株式会社
〒103-0027 東京都中央区日本橋1-7-11 日本橋東ビル6階
03-3527-9033
kishida.yasuo@kishida-cpa.com

図解でわかる
中小企業庁「事業承継ガイドライン」
完全解説

発行日　2017年4月5日
著　者　岸田 康雄・村上 章
発行者　橋詰 守
発行所　株式会社 ロギカ書房
〒101-0052
東京都千代田区神田小川町2丁目8番地
進盛ビル303
Tel 03（5244）5143
Fax 03（5244）5144
http://logicashobo.co.jp
印刷・製本　亜細亜印刷株式会社

978-4-909090-01-0 C2034